双向开启
静待花开

人大附中北京经济技术开发区学校
家校共育案例集

王教凯　曲兆军　主编

北京出版集团
北京出版社

图书在版编目（CIP）数据

双向奔赴　静待花开：人大附中北京经济技术开发区学校家校共育案例集／王教凯，曲兆军主编. — 北京：北京出版社，2023.11
ISBN 978-7-200-18349-8

Ⅰ.①双… Ⅱ.①王… ②曲… Ⅲ.①中学—学校教育—合作—家庭教育—案例—北京 Ⅳ.①G636

中国国家版本馆CIP数据核字（2023）第207869号

双向奔赴　静待花开
人大附中北京经济技术开发区学校家校共育案例集
SHUANGXIANG BENFU JING DAI HUA KAI
王教凯　曲兆军　主编

*

北　京　出　版　集　团
北　京　出　版　社　出版
（北京北三环中路6号）
邮政编码：100120

网　　址：www.bph.com.cn
北京出版集团总发行
新　华　书　店　经　销
北京虎彩文化传播有限公司印刷

*

710毫米×1000毫米　16开本　13.75印张　230千字
2023年11月第1版　2023年11月第1次印刷
ISBN 978-7-200-18349-8
定价：88.00元
如有印装质量问题，由本社负责调换
质量监督电话：010-58572393

《双向奔赴　静待花开：人大附中北京经济技术开发区学校家校共育案例集》编委会

主编

王教凯　曲兆军

副主编

张凤梅

编委会委员

杨荣敬	王欢欢	徐 巍	齐美山	张伟伟
任 洁	葛会硕	胡美娜	闫庆坤	黄 兰
彭福娟	张 倩	李 敏	李悦悦	周建伟
方 甜	王 敏	张 瑶	崔殿哲	魏 婷
杜 婧	赵燕华	李 萌	任力英	赵靖华
沈千一	李志萍	张晓斌	徐丽婷	常立霞
客志松	吴玉萍	管 昊	胡玉双	信旭东
张会敏	李金鑫	刘 颖	应聪聪	胡 唯
李 晶	刘立旭	许家铭	苏淋涛	孙婷婷
刘建军	黎 薇	李芃妍	杨秋艳	马正正
李 伟	孔馨宁	刘姣娜	邵 帅	李海丰
祝 硕	高从容	张 妍	苏秋云	梁 琨
牛剑姣	王 爽	杨 斌	付冬青	张 蕾
丁姿姿	史桂学	徐 晗	裴艳杰	李志芬
刘 畅	孙久凤	张 咏	石丽娜	李 扬
刘晶晶	解 群	刘春祥		

家校共育，向青草更青处漫溯

人大附中北京经济技术开发区学校（以下简称"人大附中经开学校"）一直倡导家校合力，共育"身心有力，德才兼备"的"五自"少年。民族复兴，大国崛起，归根还是人才的培养。好的教育一定是给人力量的，万业纷呈，日新月异，当下人们对高质量教育的向往愈加强烈。2023年1月13日，教育部等十三个部门联合印发了《关于健全学校家庭社会协同育人机制的意见》（以下简称"《意见》"），广义上教育已经突破学校教育的范畴，在全社会的关注与参与下，向着优质优绩不断迈进。

家校共育不是一个新话题，但是时代赋予了其新的内涵与高度，家庭教育不再是学校教育的补充，家长也不再是学校教育的配合者、附庸者，而真真正正是孩子成长教育的参与者、合作者。家校共育是学校教育由内向外的一次突围，也是家庭教育由外向内的一次渗入，二者紧密联结，未来可期。

人大附中经开学校勇担北京经济技术开发区基础教育优质发展的重任，力争在家门口办最优质的教育，历来重视家校合作共育。早在2016年学校便提出了"家校社协商"的育人机制，超前的教育理念与《意见》不谋而合，加之十二年一贯制的办学优势与科学周密的布局，家校共育的成果已蓬勃生发。《双向奔赴　静待花开——人大附中北京经济技术开发区学校家校共育案例集》既是对学校过去几年家校共育成果的梳理，也是在《意见》指导下对实践的再完善、再创新、再出发。

本书针对小学、初中、高中不同学段学生的心理特点和具体学情，从"纪律与自控主题案例""学习习惯与动力主题案例""人际关系与适应主题案例""心理行为调适主题案例""探索与思考"这五个方面对家校共育案例进行梳理。各学段案例相对独立，解决问题具体高效；不同学段之间又非孤立，前后衔接，环环相因，形成一个贯通制的育人体系。一个个生动案例的背后，凝结着老师们的爱心与真心、良心与苦心、恒心与决心、艰辛与创新，让人感受到家校共育的力量，感受到教育的魔力与生命的张力。每一个孩子的背后都是一个家庭，孩子生命的舒展就是整个家庭乃至全社会民生的舒展，家校共育就是要让每一名家长切实感受孩子成长、成功、成才给家庭带来的喜悦。

  本书可以作为教师专业发展、家长育儿能力提升、家校共育合作的宝典。它完成了家校共育关注点由"纠正型"问题向"成长型"问题过渡的创举，也是教育由"金字塔式"向"扁平化、交互式"转变的成功尝试。它基于真实教育案例，充实丰富，接地气，易共鸣，重实操，学即受用；它分类分层科学严谨，有高度，有深度，有亮度，学即受益；它涵盖广泛，含小、初、高，如列清单，可对症抓药，学即贯通；它饱含教育深情，温暖润心，学即蒙获……

  在阅读本书的过程中，我们能深深感受到人大附中经开学校作为一所大校当仁不让、舍我其谁的责任担当，能深深感受到学校与家长亲密无间、众志成城的信任团结，能深深感受到学校教师们苦心孤诣、事争一流的大爱大德，能深深感受到经开区教育乘势创新、未来可期的美丽图景。家校共育让温暖的、负责任的、舒展生命的幸福教育落地生根，让学生们成长在热爱里，圆梦于奋发中。

  一花一世界，一叶一菩提。一本书折射学校情怀，一本书洞见教育真谛。我们相信未来教育静好，因为家校执手、护航前行。请相信——相信未来，心动成真，仁毅至善，和合共美！

王教凯

目录

第一章　纪律与自控主题案例　　1
以爱之名　　2
冷静沟通，学会交往　　4
"共情+规则+爱的陪伴"促进学生成长　　7
"野马"变"骏马"　　9
敞开心灵的门　　11
飞翔吧，少年！　　13
守护成长　　15
追根穷源，因势利导　　17
家校同行，为孩子成长助力　　19
不情之请　　21
一个多动症孩子的改变　　23
建立正确的人才观和成才观　　25
老师，我来说　　27
反复中成长，成长中反复　　29
厘清职责，有效陪伴　　31
让学生成为闪闪发光的金子　　33
没有爱，便没有教育　　35
规则下的刚与柔　　37

第二章　学习习惯与动力主题案例　　39

成长的快乐——家校共育不间断　　40
爱和鼓励让孩子变乖　　42
和时间赛跑——儿童时间管理的有效策略　　44
齐心协力，静待花开　　47
春风化雨，润物无声　　49
爱孩子，就坚持吧！　　51
心怀期待，静待花开　　53
家校合作，共同做好孩子的"君亲师"　　55
期望效应下的学习态度转化　　57
家校共携手，成功一起走　　59
沉甸甸的热爱　　61
耐心教育，静待花开　　63
寓教于乐——借助影视作品进行社会主义核心价值观教育的尝试　　65
正确的陪伴才是最长情的告白　　67
走进孩子的内心　　69
达成共识，共同成长　　71
接纳孩子，鼓励成长　　73
科学助力，呵护成长　　75

第三章　人际关系与适应主题案例　　77

宝贝，不哭　　78
一份呵护，一段成长　　80
乖巧的小男孩　　82
我想交朋友　　84
用爱唤起自信　　86
小小少年长大了　　88
不要忽视老师眼中的"好学生"　　90
心心相系　　92
家校携手，让孩子健康成长　　94

你本来就很好	96
寻找一个支点,让孩子撬动自信人生	98
家校共筑爱的同心圆	100
"毛"是"飞毛腿"的"毛"	102
"四大魔王"变形记	104
用心呵护,静等花开	106
关注孩子,相信孩子,帮助孩子	108
润物细无声的陪伴	110
勇于改变的力量	112
平和、理解,重建沟通桥梁	114
做解放自己的智性教师	116
无为而无不为	118
家校合作是花开的养料	120
尊重个性,冲破枷锁,走进内心	122
压岁钱引发的失踪风波	124
唯有爱可以"融化冰墙"	126
给予孩子高质量的爱	128

第四章　心理行为调适主题案例　　131

特别的你	132
有爱就有教育	134
信任与爱,不负期待	136
我和涵涵的故事	138
家校共育,"走心"促成长	140
用点滴关爱扫清孩子的内心障碍	142
放手,而不放任	144
相信、肯定与鼓励——我与小易的故事	146
时光不语,静待花开	148
爱不能盲目	150
我相信	152

家庭与陪伴	154
父母的好情绪是给孩子最坚强的力量	156
家校交流,疏导情绪	158
用爱与耐心呵护每一颗心灵成长	160
每一盏灯火之下都应该是沸腾的人生	162
"砸同学"与"砸自己"	164
家校携手,帮助孩子战胜抑郁情绪	166
家以清芬涵养,校共德育馨香——论家校合作的重要性和途径	168
同心同向,共育花开	170

第五章 探索与思考   173

共赴一场教育的约会	174
打造社会稳定、高质量发展的基石	177
家长失责,孩子自弃——一个失败的家校教育案例的思考	180

附录   183

中华人民共和国家庭教育促进法	184
教育部等十三部门关于健全学校家庭社会协同育人机制的意见	192
全国家庭教育指导大纲(修订)	198
家长家庭教育基本行为规范	210

第一章

纪律与自控主题案例

以爱之名

小学部　杨荣敬

案例描述

小泽是一个长相可爱、聪明伶俐、热爱阅读、知识丰富、能言善道、酷爱运动，却又纪律散漫、不讲卫生、自以为是、成绩欠佳的小男孩。因此，时常会有老师和同学来告他的状，甚至几个和他同桌过的同学家长都以他干扰自家孩子的学习为由，请我将他的座位调开。

小泽父母都是医务工作者，平时见惯了生老病死，在他们看来，孩子拥有健康的身体比什么都重要。他们工作繁忙，经常加班，只能把小泽交给年迈的外婆照料，而外婆又身体不好，每天唯一清楚的任务就是接小泽放学。

小泽父母对自己的教育方法盲目自信，对孩子的能力认知不足。他们认为孩子知识丰富、能言善道、酷爱运动、身体健康，已经非常优秀了。

家校共育对策及效果

我首先采用"以静制动"的策略。每当小泽出现问题时，我没有一味地批评，而是就事论事，以理服人，让他没有空子可钻，即使他巧舌如簧也没有用武之地。在解决好问题之后，我一句批评指责的话也不多说，甚至一个月来没有找过他的父母。这使得小泽与他的父母都有些不知所措，他妈妈特意找我沟通，委婉地询问我是不是放弃了教育小泽。

于是，我抓住机会"寻求合力"。我向小泽父母表明，老师不会放弃任何一个学生。同时，我也顺势肯定了他们对孩子的用心，表达了希望能与家长共同努力，使孩子取得更大进步的想法，并提出：如果孩子总因为卫生、纪律等问题不断犯错误，必然会影响他在同学们心中的形象，影响他交友，从而影响孩子自尊心、自信心的形成。

和小泽父母的沟通也许起了一点作用，但真正让他们改变想法的，是一次"手表事件"。一天，小泽课间操时独自在办公室补考，没想到，下操后办公室一位老师发现自己放在桌上的手表不见了。当我询问小泽时，小泽的回答漏洞百出，不承认拿了手表。出于对孩子的尊重，也为了给孩子一个自我反省的机会，我没有直接认定表是他拿的。放学后，我把这件事与小泽父母如实沟通，并请他们帮助询问与证实。最后，手表在小泽家找到了，但小泽说是在校门口捡到的。这件事让小泽妈妈彻底傻眼，她一直觉得小泽非常优秀，从来没有怀疑过他，即使老师多次反映过孩子的问题，她也坚定地相信小泽的说法。这件事让她大失所望，也更清楚地认识了自己的孩子。她意识到自己盲目的爱与信任，让孩子产生了侥幸心理，从而不断地犯错。

抓住这次的教育契机，我给了小泽妈妈一些具体建议：

1.父母要正确认识孩子，要大力肯定孩子的优点，但也要正视孩子的不足，这样才能有效地教育和帮助孩子成长。

2.孩子的优点非常突出，但道德品质的养成至关重要。一些缺点会影响孩子在他人心中的形象，不能让这些缺点阻碍了孩子对集体的融入。

通过这件事，我和小泽父母达成了教育的共识。我们把小泽叫来，针对偷表这件事进行引导教育。小泽妈妈亲自带着他去把手表还给老师，并向那位老师承认了错误并寻求原谅。在这之后，小泽不再随意地撒谎和犯错，言行更规范了，无论是纪律方面，还是学习方面都有了明显的进步。

反思与总结

父母对孩子的爱，是世界上最可贵的一种情感，然而过于盲目的爱有可能会毁了孩子。因为在成长的道路上，被父母盲目宠爱的孩子，容易错过改正错误的机会，失去成长的契机。家庭是孩子成长的土壤，而老师是育苗的园丁，老师在施肥、浇水的同时，也要寻求更适宜生长的土壤，两者结合才能收获最美的教育之果。

冷静沟通，学会交往

小学部　王欢欢

案例描述

　　小宇是一个对自己喜欢做的事情非常认真专注的小男孩。小宇进入一年级才两个星期，我就发现他喜欢阅读，识字量很大。他对感兴趣的数学题会积极思考，特别喜欢海洋动物，课桌上也常常摆着相关的课外书，美术课上画的各种鱼既生动又形象，有一定的绘画天赋。可是这样一个兴趣爱好明显、认真专注的小男孩却有一些令老师和家长都十分头疼的行为问题：上课期间经常突然跑出教室，课上偷偷看课外书，课上突然发出各种声音或者随意下座位走动，课间在走廊追跑打闹，甚至故意攻击同学，课间操时在队伍当中随意跑动，甚至多次跑到主席台上……针对这些问题，我多次与小宇沟通，都因小宇的不配合、不回应，甚至直接跑开而告终。

　　小宇是独生子，家庭条件优越。因父母工作较忙，小宇三岁以前和姥姥姥爷一起生活，妈妈会时常来看望他，爸爸则与小宇见面的时间较少。在与小宇妈妈沟通了小宇在学校的表现以后，我了解了小宇的一些情况：

　　1.现在小宇和父母、姥姥姥爷一起生活，姥姥姥爷对孩子比较溺爱，妈妈在有意识地帮小宇改掉一些不太好的行为习惯。

　　2.小宇会在饥饿的时候、想做一些事情但被制止的时候发脾气，家长的解决方式通常是满足他的需求。

　　3.幼儿园期间课上可以随意走动，上小学后学校规则较多，小宇一时难以适应。

　　4.小宇妈妈多次说小宇怕风，所以在课间操期间他会因为有风而跑开。

结合小宇在学校的表现，我分析了问题产生的原因：

1.小宇从小被姥姥姥爷溺爱，性格上以自我为中心。

2.小宇希望通过违反纪律的行为来获取老师更多的关注。

3.小宇与同学发生冲突的原因是不知道如何控制情绪，不知道如何与同龄人正确相处。

家校共育对策及效果

在充分了解了小宇的情况后,我每天重点观察小宇在课上和课下的一些行为表现,多次尝试与小宇沟通,进行记录,整理成材料,并在年级组长的带领下与各科老师组成导师团,邀请小宇父母来学校进行面对面的沟通,详细展示小宇在学校的行为表现,希望引起家长的重视。

导师团从低年级阶段如何进行行为习惯的养成和小宇个人健康成长的角度出发,建议家长带小宇到专业机构进行心理咨询和多动症等行为检测。

为了避免因小宇课上私自跑出教室造成安全问题,导师团还建议家长请专业人员来学校进行陪读。

除此之外,导师团还给出了一些其他具体的建议:

1.家庭教育中,父亲的角色不可缺失,建议小宇爸爸多抽出些时间与孩子相处,比方一起锻炼等。

2.家校配合,建立、执行行为矫正计划,并在小宇表现好时进行奖励,以此来强化小宇的正向行为,培养小宇的规则意识。

3.多让小宇与同龄人一起交流玩耍,让他从中学习如何与同龄人正确相处。

小宇父母对孩子的行为问题高度重视,带小宇去专业的医院进行了心理和行为上的检测,检测结果显示虽然数据临近但尚未达到心理问题和行为问题的确定标准。为了让小宇尽快趋于正常,每周末他的父母都会陪小宇去专业医院进行心理咨询与疏导。同时,在校期间,小宇父母请专业陪读人员对小宇进行了有效的心理沟通和行为上的矫正。我也积极与陪读人员一起,尝试与小宇进行沟通,了解他的点滴想法。

一段时间以后,小宇渐渐开始愿意与老师和同学进行言语交流,与同学之间的冲突逐渐减少直至消失;开始愿意和我分享他画的鱼,以及他所知道的鱼的种类和它们的外形特征;开始遵守课堂规则,偶尔还会举手回答问题,积极思考;午饭时,他还愿意帮我分发水果和酸奶。小宇的点滴进步令所有的任课老师都非常欣喜。

反思与总结

小宇的成长与进步让我充分认识到家校配合对学生问题矫正的重要性，家校配合的桥梁缺失任意一端都无法促成学生的健康成长。还记得一年级刚开学时，有家长说，不知道如何当好一年级学生的家长。我深知家校合作的重要性，也不断根据学生的表现和特点，尽我所能给出有针对性的、具体的有效建议。

父母是孩子的第一任老师，家校合作可以帮助家长充分发挥自己的榜样作用，对孩子进行正向引领。同时，家校紧密配合也可以让我们及时发现孩子身上的小问题，及时矫正，这对孩子的成长至关重要。

"共情+规则+爱的陪伴"促进学生成长

小学部　徐巍

案例描述

刚接手这个班级，小瑞很快就让我熟悉了他。他学习成绩不理想，每天不能按时完成作业，还总是有事没事跟同学吵吵闹闹，打扰别人。他性格暴躁易怒，常常惹是生非，和同学发生摩擦、矛盾，事后还撒谎不承认。即使有同学的指正和老师的教导，他也拒不认错，还会哭鼻子。他完全没有自信，有点破罐子破摔的意思。

通过和小瑞以及小瑞妈妈的日常沟通，我发现小瑞在家里比较受爷爷奶奶的宠爱，他还有一个乖巧懂事又聪慧的弟弟。小瑞父母工作繁忙，既要照顾老人还要照顾两个孩子，对于小瑞的教育问题，既没有什么好方法，投入的时间、精力也不够，经常有心无力。

于是，我开始仔细分析小瑞的情况，发现这个孩子自尊心比较强，但学习基础很差，自律性也差，缺乏规则意识和责任感。

家校共育对策及效果

我把小瑞的表现进行梳理、归类、剖析并形成材料后，邀请他的父母到学校进行面对面沟通交流，共同挖掘问题背后的深层原因，商议改进措施并提出一些家庭教育建议。

1.建立规则，深度陪伴。和孩子一起讨论并制定家庭公约，如诚实守信、做错事情要承认并且改正；和孩子一起讨论并制定学习规则，如上课认真听讲、每天按时完成作业等；让孩子做一些力所能及的家务劳动，如扫地、拖地、洗碗等，增强责任感；创设安静舒适的家庭环境和学习氛围，父母以身作则，陪孩子一起运动、阅读等。

2.关注情绪，学会共情。通过三次沟通，我逐渐深入地了解到小瑞父母对孩子在耐心、负面情绪和挫折方面的关注较少，给予孩子的关注与关心也不够。于是，我有针对性地给了小瑞父母一些建议，同时推荐了《孩子，你的情绪我在乎》和《正面管教》这两本书，和他们分享了读后感以及一些日常和孩子沟通的方式、方法，帮助他们与小瑞建立共情连接。

此外，我也从小瑞的学习入手，利用课余时间给他补课。同时，在尊重他的意愿和情感的前提下，给他创造劳动的机会，让他为班集体服务，肯定并大力表扬他爱劳动的优点。

经过半年的共同努力，小瑞终于有了很大的转变，他的学习进步了，情绪稳定了，很少和同学发生摩擦，还经常为班集体义务劳动，墩地、浇花、发作业等。他会在中午吃饭时，给我接一碗温水，说："徐老师，您辛苦啦！"我把这事儿分享给了小瑞妈妈，她也特别感动。除了这些进步，更重要的是小瑞重新建立了对生活和学习的信心。

反思与总结

孩子一旦出现品德、习惯、行为表现等方面的问题，很大可能是家庭教育出现了问题。大多数家长不是不管教，而是不会科学地管教。过于溺爱、过于控制、过于打击批评等，都不利于孩子的身心健康成长。如何让孩子守规则、有底线，如何对接孩子的情绪，如何进行有效的正面管教，家长的以身作则，家庭文化属性的构建等都是家长需要一直学习的课题。学生的进步与改善，一定源于家长的反思、学习以及老师的帮助和引导。

"野马"变"骏马"

小学部　齐美山

案例描述

小马是个爱运动的小女孩,她性格外向,但行事有点儿出格,比如在排队集合的时候,大家齐步走,她会一蹦一跳地走;上课时她会选择"舒服"的姿势——躺在椅子上或者地板上。当然,小马也有另外一面,她善良有爱心,面对因她而不小心受伤的同学,她会自责落泪;她还是个热心肠,在班内组织活动时,会尽自己所能帮助同学,协助班干部维持秩序。

小马的家庭条件比较好,但她的父母工作很忙,小马主要由姥姥照顾。由于姥姥年龄较大,精力有限,只能做到照顾小马的日常生活,难以做到有效陪伴。父母出于补偿心理,一有时间就带她外出旅游、参观展览或是参加活动,认为孩子开心就好,与孩子的谈心交流也不多。

我意识到了问题所在:小马父母对孩子心理和性格发展的关注度不够,将对孩子陪伴的缺失,补偿为对孩子生活细节上的忽视和行为上的纵容。小马正是感受到了这种忽视,才会出现既无法做到严格约束自己的行为,又希望获得别人认可的情况。

家校共育对策及效果

通过对小马在学校的行为表现的观察,结合小马的家庭成长环境,我查阅资料对小马的情况进行了分析之后,将小马父母请到学校,就小马现阶段的成长问题进行了面对面的家校沟通。一方面,通过几个具体事例向小马父母介绍了小马的在校表现情况,并且说明了此类情况对学生成长可能产生的影响,希望引起他们足够的重视;另一方面,向小马父母介绍了学生现阶段的心理特征,说明了学校已经通过哪些行为帮助学生更好地成长,并对他们提出建议。

针对小马的情况,我采取了以下措施:

1.收集一些育儿方法、小学生成长特点规律等知识,利用微信等渠道,分享给小马父母,帮助他们避开日常教育中的一些误区。每周与小马父母进行一次电话交流,共同商讨引导教育的方法。

2.建议小马父母无论工作多忙,每天至少有一人能与小马聊一聊当天做了哪些事,关心她的生活和学习。

3.借助榜样的力量，让小马了解父母在自身工作领域的努力，通过他们的行为影响小马的行为。

4.肯定小马的进步，使其感受到父母对自己的关注，增强小马的自信心。

通过此次的沟通，小马父母做出了一些改变，小马的身上也出现了一些变化。首先，小马父母开展了陪伴小马的"打卡"比赛，双方都争取尽可能多地陪伴和关爱小马。其次，转变了对小马的陪伴方式，增加了与孩子之间的交流，更多关注孩子的内心。一个学期下来，小马有了很大改变，课上大部分时间她会很努力地去跟上大家的步伐，站队放学的时候由于站姿漂亮还多次获得了举班牌的机会。小马再也不是那匹小"野马"了，现在正在成长为一匹小"骏马"。

反思与总结

父母的关爱、良好的家庭环境和教育对孩子个性的健康发展起着不可替代的作用。但是，部分孩子由于父母长时间不在身边，无法感受到正常的亲情关爱，无法向亲人倾诉生活中的烦恼，有困惑时无法得到父母的正确引导，久而久之，无助感、失落感和被遗弃感逐渐形成，严重影响着孩子心理的健康成长。家庭教育是人生所需教育中必不可少的一个方面，家庭教育最早、最直接地影响着青少年的健康成长，在面对"问题学生"时，必须家校联动，积极配合，才能取得意想不到的效果。

敞开心灵的门

小学部　张伟伟

案例描述

小安性格外向,但做事没有坚持性,自我约束力差。他思维活跃,只要认真听课便能掌握相关知识点,也经常积极举手回答问题,但却爱开小差。小安做事喜欢拖拖拉拉,作业不能及时完成,写字也很不认真,能偷懒则偷懒,学习状态波动大,成绩不稳定。

小安的家庭条件优越,但父母工作忙,顾不上他的学习,也不能及时发现他的心态变化并引导改正。平时姥姥一个人照顾小安,接送小安上下学。但姥姥文化水平有限,没法对小安的作业进行辅导。

家校共育对策及效果

在充分了解了小安的问题以及他的家庭教育情况后,我将积攒的材料进行了详细整理,并请小安父母一起来学校,就小安的课堂纪律问题以及作业拖沓问题进行了面对面的家校沟通。

首先,向小安父母展示我所收集整理的材料,证明小安违反课堂纪律的次数和作业不能及时完成的次数较多,家长需要引起足够的重视;

其次,向小安父母详细讲解学校育人理念和规章制度背后的良苦用心,获得他们的认同。

针对小安当下的问题,我给出了一些具体的建议:

1.平时,父母要和各科老师保持积极主动和深入的交流,了解孩子在学校的表现,探讨孩子的教育问题,积极协助老师,及时发现孩子的问题并帮助他改正。

2.父母要加强与孩子的沟通和交流,做孩子的朋友。可以和孩子聊聊在学校有什么好玩、有趣的事儿,刚开始孩子可能不耐烦,但后面会逐渐主动和家长沟通交流。

3.父母以身作则,树立榜样,在做事时不要拖拉,尽量以最快的速度去做,并告诉孩子"今日事今日毕"的道理。

我在学校给小安安排了一个学习成绩优秀的孩子做同桌,小安在课上走神时,同桌能及时提醒。课堂上,在老师顾不过来时,同桌能及时给他讲不会的题,帮助他提高学习成绩。

通过家校共同的努力,我们取得了一些效果:

1.小安在上课时基本能认真听讲,课上走神的现象减少了,积极回答问题的次数变多了。

2.小安在家时能主动完成作业,也能敞开心灵的门,每天跟父母分享学校的趣事。

3.小安看到父母做事不拖拉、以身作则后,他在做事时速度也比以前快了。

4.有了同学的帮助,小安的知识掌握速度比以前快了,不会的题也基本得到解决。同时,他与同学间的情感交流变多,也感受到了同学可以是自己的良师益友。

5.小安的学习态度端正了许多,学习成绩也提高了。

反思与总结

小安的改变让我认识到:只要老师帮助家长找到适合孩子的教育方法,孩子就会有收获。每个孩子的实际情况是不一样的,所以在出现问题时,家长要经常与老师沟通,深入了解孩子的行为、习惯、爱好,和老师一起制定行之有效的决策,正确引导。要充分发挥家长的作用,家校合力,给予孩子学习和思想上的帮助,激发孩子学习的兴趣,唤起孩子的自信心、进取心,使之逐渐改正缺点,养成良好的学习习惯,成为一个爱学习的孩子。孩子的教育和培养是一门很复杂的学问,家庭与学校共同合作,才能培养出更多更优秀的人才。

飞翔吧，少年！

小学部　任洁

案例描述

文文是一个能让老师很快就记住的男孩。如果你来到教室里，一定会注意到他：全班个子最小，总是乱蹦乱跳，还时不时发出"嗯哼哼"的气音。他坐不住，站不直，喜欢喊叫，走路时连滚带爬，时不时激怒同学，和同学们吵架、打架是家常便饭……

文文是家里的独生子，父母和长辈都对他宠爱有加，这也让他在很多事情上显得有些任性。他的父母都很和善，对于孩子在学校的各方面表现也很关注，经常和老师沟通，但一直没找到更好的引导文文改变的方法。对此，文文父母感到十分苦恼。

文文出生于八月中旬，从年龄上看，他是全班最小的。他的性格外向，活泼好动，这也让他和班里的其他几个同样调皮的男孩子成了老师最关注的对象。对于文文来说，他已经听了太多的批评，也被贴了很多类似"表现不好""纪律不好"的标签，在家庭教育中，父母也很少表扬和肯定他。因此，听惯了说教的文文，老师和父母严厉的批评性话语已经对他毫无作用。

家校共育对策及效果

要想改变这样的文文，就必须与他的父母进行长期、多次的面谈。经过几次交流沟通，我对文文和他的家庭都有了更深、更全面的了解。我向文文父母建议试试正面管教，把关注点放在孩子的闪光点上，放大和肯定他的优点，减少对他不足之处的关注。老师、父母和孩子一起从正向的方面努力，慢慢撕下之前的标签，这样或许能取得更好的教育效果。

我与文文父母主要沟通了以下几点：

1.将文文在学校的表现细致地讲给他们听，比如：我发现他是个很善良的孩子，当同学需要借用文具时，他总会热情地伸出援手……用类似这样的细节和小事，让文文父母了解文文在学校集体生活中的另一面，在细微之处发现他的优点，与家庭教育结合，增强他们的教育信心。

2.建议并鼓励文文父母用发现的眼光来看待文文，从多个方面、多个角度了解文文内心的真实想法，发现他各种表现背后的真正原因。渐渐地，无论是在父母、老师和同学们的评价中，还是文文自己的心中，他的优点都变得多了起来，父母也能更心平气和地和他相处，家庭教育也能够取得更多实效。

3.将属于我和文文的在校"特别时光"分享给文文父母。课间、午餐时……我将一些零碎的时间利用起来和文文交谈，我们并不谈论他的错误或者问题，而是聊一些开放式的话题。比如，你最喜欢做的事是什么？在交谈中，我借机肯定他做得好的地方，和他一起梳理、总结有待改进的地方，鼓励他慢慢来，从每一件小事开始，一点点做起。同时我建议文文父母在家庭教育中也使用这样的方法，每天最少抽出半小时的时间和文文聊聊他感兴趣的话题。

4.与文文父母交流文文犯错时的处理方法。当文文犯错时，提醒文文父母不要急于批评他为什么又做错了，可以与他一起通过一系列启发式的提问来层层剥茧：你对发生的事情有什么感觉？你认为是什么原因导致了事情的发生？你从这件事中学到了什么？你怎样才能把这次学到的东西用于将来？你现在对解决这一问题有什么想法？和他进行这样心平气和的交流，让文文学会如何改正错误。

文文在父母、老师和同学的鼓励下开始发生变化：在学校里，他和同学发生矛盾时懂得找老师帮助解决了；在学习伙伴的帮助下，他的课堂表现变好，懂得遵守纪律了。在与文文父母的多次沟通中，我能明显发现，文文在家里的表现也有了很大的进步，他们也很是欣慰。

反思与总结

文文的故事还在继续，也正是与一个又一个"文文"的相遇、相处，让我明白对于孩子的评价标准绝不能单一、固定，很多来自别人的刻板印象会成为孩子成长中的束缚，一定要坚定地进行正面管教。我很感谢遇到的每一个孩子，正是他们，让我的心灵一次次地被洗涤，被治愈。希望文文和所有的孩子都能够在自己的天空中自由飞翔，快乐成长！

守护成长

小学部　葛会硕

案例描述

小乐是一个爱笑、天真的小男孩。他擅长多种数学游戏，如魔方、魔尺、数独。他热爱朗读，在全班同学面前大胆地朗读课文和古诗，每次都能赢得同学们的掌声。他性格外向，总是主动和老师打招呼。在发现他优点的同时，我也发现了一些他在行为习惯方面的问题，如上课会大叫或大笑、打扰同学、行为散漫、桌洞凌乱等。当和小乐讨论这些问题时，他总是乐呵呵的，意识不到自己的问题，虽然保证下次不会再犯了，可是同样的问题还是会反复出现。

小乐爸爸平时工作繁忙，小乐妈妈全职在家照顾小乐。我在和小乐妈妈交流的过程中得知：小乐在幼儿园时规则意识就较差；小乐爸爸严肃地教育小乐时，小乐也会乐呵呵的，不当回事；小乐在家没有整理自己物品的习惯，并且做事拖拉。

在多方面了解后，我发现解决小乐的问题需要家校合作，共同帮助他在一年级养成良好的行为习惯。

家校共育对策及效果

在多次观察小乐的在校表现，综合各位任课老师的上课情况反馈，充分了解小乐的家庭教育情况后，我每周都会面对面和小乐妈妈沟通小乐的在校学习情况，有时也会通过电话或微信和小乐爸爸沟通。

我将小乐的行为记录下来，客观地向他的父母叙述，证明小乐确实存在违反学校纪律的情况，并且比较严重，有必要对孩子进行教育。同时，我与小乐父母达成共识以获得他们的支持与配合，让他们理解学校所做的一切都是为了孩子健康成长。一年级正是养成良好习惯的关键时期，低年级时父母多参与孩子的成长，能为以后良好学习习惯的养成奠定良好的基础。

小乐父母详细了解孩子出现的问题后，表示需要老师给出一些建议。我结合儿童的成长特点和小乐的家庭背景给小乐父母提出了一些具体的建议：

1.爸爸要尽可能多地参与到孩子的成长教育过程中来，多询问孩子在校和老师、同学的相处情况。

2.陪伴孩子学习,在孩子专注力不足时给予适当提醒,提高孩子的自控力。

3.学习整理物品的儿歌,和孩子一起整理房间和书桌。教孩子学会听铃声,培养规则意识。

4.关注孩子的情绪问题,周末多进行亲子活动,打开孩子心扉,帮助孩子形成稳定的情绪。

小乐父母开始重视孩子的问题,并积极配合进行家庭教育。小乐有了一些改变,行为习惯上进步显著。一年级上学期时小乐频繁在班里大喊大叫,但一年级下学期期末时几乎没出现过这种情况,小乐的情绪逐渐稳定。我将小乐的座位调到了第一排,在课堂上,他渐渐地开始举手回答问题了,在得到老师和同学积极的回应后更加遵守课堂纪律,虽然有时还是控制不住说话,但在提醒后能很快回到上课状态。在桌洞整理方面,他再也不是那个将桌洞塞得乱七八糟的小男孩了,他的课本整理得整整齐齐,还会先做好课前准备再休息。小乐这大半年的转变除了老师的努力之外,父母也起了很大作用,可见家校共育起到了事半功倍的效果。

反思与总结

让孩子养成良好的学习习惯离不开优秀的家庭教育观念。当孩子的在校表现出现问题时,作为老师可以从家庭教育入手,帮助家长厘清问题发生的原因,找到解决问题的途径,给予家长具体可行的建议,帮助孩子养成良好的学习习惯。

学校、家庭、社会共同守护孩子成长。

追根穷源，因势利导

小学部　胡美娜

案例描述

亦阳，像个有"水"性的学生。课堂上，他的身体永远都是懒洋洋地"瘫"在桌椅上，不直不正。面对批评，他"能屈能伸"，"我错了"几乎是他的口头禅，但是过后还会再犯。

亦阳生活在一个重组家庭，继母扮演着无限宠爱孩子的角色，而亦阳爸爸的角色很难界定。一方面亦阳爸爸觉得对孩子有所亏欠，在与亦阳有关的一些事上极其放任，助长了他的一些不良习惯；一方面又对亦阳的学习表现得过度焦虑。亦阳爸爸受传统教育思想的影响，认同"棍棒教育"是解决孩子问题的有效方法，并且认为孩子是自己的"私有财产"，忽视孩子的思想，在教育孩子时过于专制和粗暴，但是打骂孩子后又陷入自责，遂对孩子进行溺爱补偿。

亦阳的继母在教育孩子的问题上充分尊重孩子生父的意见，对待亦阳的不合适行为，较少指正，缺乏权威。亦阳爸爸的"棍棒教育"伤害了孩子的身心健康，孩子一方面承受着爸爸的暴力，产生了犯错后好好认错可免于被暴力对待的心理；一方面又接受爸爸的溺爱，催生了下次还犯的无所谓态度，陷入"被打皮了"的状态：犯错后掩盖，被发现后承认，挨打后接受溺爱补偿，下次还犯。亦阳的教育问题主要是教养方式的问题，即爸爸的专制和溺爱之间的矛盾。

家校共育对策及效果

在确定了亦阳的问题主要由父母的教养方式导致之后，我采取了以家访为主，随时沟通为辅的家校沟通方式。通过家访，充分赢得亦阳父母的信任；分享教育学、心理学知识，提高家长的教育认识；利用电话、微信等将亦阳在校信息及时反映给他父母，同时也可以了解他在家的情况，以便于及时调整干预行为。

我的家校共育工作从以下几个方面展开：

1.学校角度，帮助亦阳父母改进教养方式。首先，科普教养方式，带领亦阳父母学习权威型教养方式，此方式要求坚持严格的行为规范，但同时会以积极肯定的态度对待儿童。其次，做权威型老师，弥补家庭教育的不足，守护学生的言行边界。最后，对亦阳及其父母定期进行访谈，了解他们的变化，及时调整学校指导策略。

2.家长角度。首先，改变亦阳爸爸宣泄情绪的方式，引导他学习"做情绪的主人"课程。其次，建议亦阳爸爸合理控制暴力后的溺爱补偿，给孩子树立学习之外的规则意识。最后，减少亦阳爸爸的焦虑，帮助他认识到唯学习论不可取。

3.学生角度。首先，我经常与亦阳谈心，以帮助其增强想要改进的内部动机。其次，培养他的感恩意识。再次，提升其自我管理能力。最后，多鼓励，帮助他重拾信心。

经过一段时间后，亦阳爸爸反映自己在家中发脾气的次数在逐渐减少，亲子关系趋于缓和。通过周计划表、自我奖惩等辅助措施，亦阳的规则意识、自我管理意识有明显提升。在学校里，亦阳的课堂行为习惯也有所改变。同时，在老师和互助小组的影响下，亦阳的集体责任感得到加强，经常申请志愿服务，如帮助打扫班级卫生等。

反思与总结

与家长形成教育合力是改变学生行为习惯的关键，因此，应当积极寻求家庭教育力量。与家长进行沟通时，不能简单地提出问题，而要作为引导者与家长运用教育学、心理学一同挖掘问题背后的原因，再提出应对措施。"严格要求、劝导与爱和支持结合起来"的良性亲子关系，是我们面对家庭教育时应当考量的方向。

家校同行，为孩子成长助力

小学部　闫庆坤

案例描述

明明刚上小学，他的"不一般"便展现出来了。上课时，他无法端正地坐在椅子上，经常跪在地上或趴在椅子上画画，时不时地还会突然旁若无人地喊两声。如果他不想在教室待着，不管是否在上课，他都会大摇大摆地像刘姥姥进了大观园一样，开始逛校园。似乎没有一节课能吸引明明的注意力，老师的软硬兼施对他来说也都无济于事。

明明和姥姥、父母生活在一起，他的父母平时工作繁忙，照顾明明的重担就落在姥姥身上。姥姥对他百般宠爱，导致明明生活自理能力比较差，比如，上小学了，姥姥还一直帮他穿衣服，喝水要把水杯放到他嘴边。明明在家里也不听父母的话，面对他的不良表现，父母唯一能做的就是对他大吼大叫。明明有时候在家打游戏，"什么鬼""屁"这些不文明的词语经常从他口里冒出来。

明明无法坐在教室上课的根本原因是他有多动症，但是他某些不良行为并不是由于多动症引起的，而是因为他的父母工作忙碌，忽视了孩子的养成教育，没有掌握好爱孩子的度，没有用正确的方法引导孩子成长。

家校共育对策及效果

我请明明父母陪读了一个月，让他们观察明明的课堂表现，并与心理老师沟通，针对明明的多动症进行校外机构的干预。

通过真诚地与明明妈妈深度交流，我指出了明明对长辈没有尊重之心，在家与父母有对抗的情绪，在学校也不听从老师的安排。希望明明父母能明白爱其子则为之计深远，适时地放手有时候也是一种爱的道理。

针对明明当下的问题，我给出了一些具体的建议：

1.亲子同看、共学中华德育故事中那些关于古人孝敬父母的故事。

2.父母和姥姥达成共识，学会放手，给予明明提升生活自理能力的机会。

3.制止明明接触有不良用语的网络游戏。

4.家校合作,多表扬明明的进步之处。

经过沟通,明明父母付出了很多努力,妈妈会陪着明明观看孝道故事,一段时间下来,明明对父母的态度有了很大转变。明明早上起床后开始自己穿衣服,开始做力所能及的家务。现在,明明也能积极为班级做一些事情了。

不良网络用语消失后,明明的礼貌用语多了起来,不知道从什么时候起,他见了老师会主动打招呼,"请""谢谢老师"一天天多了起来。在学校,只要明明有进步,我就会大力表扬,并为他写表扬信念给全班同学听;在家中,面对明明进步的地方,妈妈也会大加称赞,提升他的自信心与自我价值感。更让我欣喜的是,明明的课堂规则意识增强了,能和同学们一样坐在教室上课,在他喜欢的英语课上,他不仅认真听课,甚至还能积极回答问题。

反思与总结

有一次课间,明明喊了我一声"妈妈",虽是他的口误,但当我听到这两个字的时候,我知道他内心对我已经产生了依赖之情和信任之感,这两个字化成一股强大的力量温暖着我。

刘彭芝校长说:"爱是教育的最高境界,爱是教育的真谛,是尊重的源泉。""妈妈"两个字让我领悟到了刘校长这句话的一丝真谛,爱是最有力量的,这股力量让我、孩子和家长拧成一股绳,形成教育合力,赋能孩子的成长。

很多时候,家长忙于工作,便常常会给予孩子过度的爱作为补偿,无条件答应孩子提出的要求。作为班主任,要有一颗爱心和一双慧眼,帮助家长找到正确的教育方法,给予孩子适度的爱。

不情之请

小学部　黄兰

案例描述

童童是一个聪明可爱的男孩，非常惹人喜爱，但他的某些行为却有些让人头疼。童童一直不太适应学校的学习生活，他对学习的兴趣不大，贪玩，不太能约束自己。上课时，童童总在走神，不太能坐得住，而一下课又马上不见人影，在校园里寻找各种新奇好玩的事物。童童的自由散漫在纪律严明的集体环境里显得有些格格不入，经常被老师批评，但是童童对此并不在乎，有时还会和老师顶嘴。就这样，童童慢慢地成了让所有老师头疼的淘孩子。

童童妈妈在他两岁时，因为一次手术事故，意外成了植物人，而他爸爸工作太忙，陪伴他的时间较少。童童还有一个正在上中学的哥哥，他俩的生活主要由爷爷奶奶照管，家中事情较多，爷爷奶奶对童童的管教难免疏忽。

同时，爷爷奶奶作为隔代亲属，又因孩子从小缺乏母爱，他们更是多了几分心疼和宠溺，所以童童比较任性散漫，没有养成良好的习惯和规则意识。

家校共育对策及效果

在家访过程中，我首先表达了对童童的喜爱，并肯定了童童在学校表现好的地方，再委婉地指出童童在行为规范方面存在的欠缺，希望家长能在童童的行为方面多一些约束，帮助童童养成良好的生活和学习习惯。

家访结束，童童奶奶在送我出门时，有些不好意思地对我说："老师，我很高兴童童能遇见你，他很喜欢你。平时都是我在照顾童童，他有时候会问我，能不能叫您'妈妈'。我想他还是非常渴望妈妈的爱，所以我有个不情之请，希望你平时能对童童多些关照，我年纪大了，也许年轻女性的爱对他而言会更有妈妈的感觉。"听了这番话，我有些触动，我在了解过孩子的家庭情况后有刻意地对他多些关照，但是没想过自己给童童的可以更多。

家访原本是想针对孩子的问题给家长提些建议，但没想到童童奶奶反过来对我提出了一个请求。我感动于童童奶奶给予了我如此高的信任和如此深重的托付。我想家校配合的基础是信任，有了这份信任，才会有更高效的合作。

从那以后，童童家长对我的反馈和建议都能够及时采纳和配合，而我对童童也多了一些责任感，不自觉地想要给他更多一点的爱与关怀，会在课余多花一些时间和他闲聊，在他闯祸时，会更耐心地倾听他的想法和感受，也会更用心地去欣赏和夸奖他。比如，他的作文写得特别棒，他对每一个小生命都很爱护，他和同学相处时很正直、很善良。童童虽然淘气，但在班级里他依然是有很多优点的闪闪发光的孩子。

也许童童也感受到了我的一些特别的善意，他与我更亲近了，也更在乎我的话了。我指出的问题，他会及时改正，努力表现得更好一点，希望得到更多的表扬。他已经不再是让我头疼的小闹将，而变成了我得力的小助手。有一次，他跑过来偷偷和我说："老师我可以抱你吗？我可以叫你妈妈吗？"孩子，当然可以，虽然我无法真正弥补你母爱的缺失，但是我能给你多一点点的温暖，让你的童年多一点点的幸福，能让你更健康快乐地成长。

反思与总结

爱，是教育的前提，父母的爱更是孩子避风的港湾和力量的源泉。对于家庭中爱有缺失的孩子，我想老师的爱也会和妈妈的爱一样，温暖他的心灵，触动他的灵魂，促进他的成长。

学校教育和家庭教育各司其职，但不是彼此独立的"孤岛"，而是有所重叠的、互相补充的"环岛"，我想这重叠的部分主要就是对孩子共同的爱护和一致的目标与信念。

一个多动症孩子的改变

初中部　彭福娟

案例描述

礼礼，男，十二岁。他上课自由散漫，说话声音大，经常影响老师的正常教学；一节课下来，座椅下的废纸片能集聚成堆；坐姿不端正，总是"瘫"在椅子上；在各种集会时东张西望，反复找借口去上厕所；课间追逐打闹，多次受到同学的举报；口无遮拦，爱说脏话；经常不穿校服，且总是衣衫不整；作业完成率低，成绩在班级倒数……

礼礼是独生子，家里经济条件一般。礼礼父母对孩子的教育比较重视，平常会积极与老师沟通孩子的在校情况，也注重孩子学习环境的打造，但他们教育不得法，也缺乏身教。

礼礼小时候做过医学检测，医生说孩子有点注意力不集中、多动。也许正是这个检查结果，让礼礼父母在幼儿园和小学两个教育阶段放松了对孩子的管教，导致孩子自律性严重不足。我与孩子沟通时，孩子也曾反复强调说："老师，我知道自己做错了，但是我控制不了我自己！"礼礼和父母都把问题推给了医学检测出的病情，却忽略了治疗干预的重要性。

家校共育对策及效果

礼礼的问题已然存在，那该如何解决问题呢？首先是与礼礼父母保持沟通。

一开始，我用照片和视频记录孩子情况，将它们发给礼礼父母，向他们说明孩子的在校情况；再电话沟通，说明事情原委，希望他们配合解决问题。但起初的沟通并不顺利，礼礼父母认识不到孩子问题的严重性。

在与礼礼父母多次电话沟通无果后，我请他们来校进行面对面沟通，父母、孩子、老师三方一起共同分析情况并确定发展目标。

1.思想引导转变他。让孩子慢慢认识到自己在逐渐长大，要学会控制自己。

2.目标引领激励他。以他的未来目标大学"中国人民公安大学"为切入点，让他思考公安人员的形象、气质等并以此来要求自己的谈吐、姿态、服饰、行为。

3.适当强制助推他。孩子的不良习惯，绝不是一朝一夕形成的，当然也不是一朝一夕就能改变的。当孩子在改正不良习惯过程中缺乏坚持性时，家校联手强制执行可以帮助他快速成长。

4.及时鼓励成就他。孩子一旦有进步,及时给予表扬是必要的,可以经常提醒他,进步奖在等着他。

经过一段时间的教育,礼礼在课堂上能积极回答问题,正确率也提高了很多;穿校服时整洁规范多了;坐姿虽然没有达到要求,但老师稍加提醒他就能够及时调整;不再说脏话;学习态度端正了许多,也积极认真多了。总之,礼礼在各方面都有改变,期末还获得了"最大进步奖"!

反思与总结

遇见问题不回避,解决问题有方法。孩子的问题就是家长和老师面临的共同问题,要想解决问题,必须家校沟通。如何能让沟通顺利进行呢?我认为,沟通要有艺术、要得法。第一,每个孩子都是家长眼中的宝贝,说孩子的问题时不能贬低孩子;第二,家长要和老师共同探讨,才能找出方法;第三,老师要相信家长,也要让家长相信老师,大家的目标是一致的,都是为了孩子的健康成长;第四,沟通要有成效,要能找到问题产生的原因,找到解决问题的方法。

家校共育是一个大课题。作为一名也在经历孩子成长的妈妈,我在家庭教育方面,同样是一知半解,需要不断学习。作为班主任老师,我虽然经常与家长沟通,但要帮助家长与孩子共同成长,学习与研究家校共育势在必行。

建立正确的人才观和成才观

初中部　张倩

案例描述

　　老师们期待看到小竞的作业，因为他的字很漂亮。然而，现实是小竞经常上课睡觉、吃零食，专注于打游戏没时间写作业，甚至把手机带到学校玩。他每天不是被任课老师提意见，就是被其他同学告状，课堂纪律、学校规定于他而言形同虚设，给班级和年级造成了不良影响。

　　小竞是独生子，家庭条件优渥，他的父母工作繁忙，但在物质上从不亏待孩子。小学时，小竞读的是国际学校，学校施行寄宿式管理，父母能给他的陪伴很少，这也让小竞养成了独立的个性。

　　小竞习惯了我行我素，以自我为中心，家庭和学校的说教批评只会让他的逆反心理更加严重。面对这些情况，小竞父母束手无策。

家校共育对策及效果

　　在充分了解小竞的问题及他的教育情况后，我将收集到的材料进行了详细整理，并请小竞父母来学校就小竞的纪律问题进行面对面的沟通。

　　首先，我向小竞父母展示收集整理的材料，证明小竞违反学校纪律的情况真实存在，并且次数不少，希望他们引起足够的重视。

　　其次，结合小竞的表现，我向小竞父母详细讲解了学校的规章制度，以获得他们的认同与支持。

　　针对小竞的问题，我和小竞父母达成了共识：

　　1.关于手机，强制没收的话，孩子可能会做出极端的事情，因此我们约定只要他不迟到，上课积极不捣乱，不捉弄其他同学，就可以带手机入校，但课前需要将手机交给老师保管。

　　2.关于职业选择，小竞之所以离不开手机主要是他要用手机打游戏，他想在未来从事电竞类职业，创办自己的公司。既然小竞有自己的未来职业规划，父母和老师也决定转变观念，长远理性地看待孩子的选择。每个职业都能为社会做出积极的贡献，只有孩子懂得了这些，才能确立正确的职业取向。

通过一段时间的家校共育，小竞虽然在成绩上没有很大提升，但是他不再是"问题学生"了。家校共育打开了小竞的心窗，他说自己很想把学习搞好，但因为落下的课比较多，每次考试成绩又不理想，才逐渐对文化课失去了兴趣。小竞认为不能做自己喜欢的事情就很没意义，游戏让他找到了人生的另一方天地，在这个过程中他也有了自己的人生规划。

反思与总结

小竞的职业理想很多家庭并不一定能接受，但经历过孩子的叛逆，小竞父母开始理解并支持孩子的想法。每个家庭都有各自不同的内部环境、不同的社会背景、不同的教养风格，因此每个孩子的性格也不相同。家和万事兴，只要家长建立了正确的人才观和成才观，就会为孩子的成长营造和谐的家庭氛围。

作为班主任，我与孩子的接触最多，为了达到家校教育最优化，一直坚持及时与家长沟通。沟通时，既要肯定孩子的优点和表现好的方面，又要指出其缺点和需要改正的方面。家校携手，静待花开！

老师，我来说

初中部　李敏

案例描述

牛牛是一个非常聪明、活跃的孩子，但他的行动总是比大脑快一拍，常常不经思考就行动，不管时间和场合。有时他会为自己迅雷不及掩耳的反应力沾沾自喜，有时也会因此尝到苦头，比如，上课随意接话被老师批评，捉弄同学后遭遇友谊危机，等等。他也有很大的优点：骨子里有一股正能量，正直、诚实。

牛牛有一个妹妹，他的家庭氛围非常民主、平等、愉快、轻松、幸福。他的父母都是高级知识分子，温文尔雅，教育观念先进，在对孩子严格要求的同时更希望孩子能快乐成长。他们一起聊天、读书、锻炼……虽然工作繁忙，但他的父母都坚持认真参与孩子教育的每一个环节。

前面说到，牛牛的行为习惯过于随意，虽然他自己能意识到错误，却总是好了伤疤忘了疼。因此，我一直想抓住一个令他难忘的"疤"。

一天收拾书包时，牛牛从同桌小王掉落的药瓶中拿出一颗白色的胶囊，想恶作剧吓一吓同学小华，如果小华说"我不敢吃"，他以后就叫小华"胆小鬼"。没想到在二人嬉戏打闹的时候，一个不小心，小华真的把药吞下去了。此时，牛牛才感到了害怕。

家校共育对策及效果

经过多方求证，我确定这神秘的胶囊其实是一种补钙的保健品，刚好小华父母知道这种药，大方表示"没事儿，就是吃了个钙片"。虽然电话里小华父母表现得很潇洒，但我在牛牛面前仍然表现得非常严肃紧张——平时牛牛就爱开玩笑，并且把握不了玩笑的尺度，他随便惯了，做事情不经过大脑思考，这正是一个教育他的好机会。与牛牛沟通过后，他流着眼泪说："老师，我真的错了，我现在很担心小华，我非常非常后悔……"可能是沟通时我有意提到了他的父母，牛牛说他想主动向爸爸妈妈承认错误。听到他的请求，我知道这个难忘的"疤"终于来了。一番"思考"过后，我"郑重地"同意了："老师相信你会跟爸爸妈妈说实话。"

当天晚上，我接到了牛牛妈妈的电话，她感激地说："谢谢您给牛牛这个机会，让他主动承认错误，我和他爸爸都觉得您处理得特别好。他犯了很严重的错误，现在已经完全想通了，以后绝对不会再犯了，我们也想向您表示歉意和感谢。"牛牛也在电话里再次承认了错误，听着电话那头诚恳而坚定的语气，我确定，这件事情给他上了重要的一课。

一个多月后的家长会，牛牛爸爸主动提起了"吃药事件"，并再次隆重地感谢了我。现在，牛牛不仅在家中发生了积极的变化，在学校里的进步也很大，自主性更强了，也不会再随意和同学开玩笑了。

反思与总结

对于这类道德品质良好，知错想改却常常忘记要改，好了伤疤忘了疼的孩子，为了帮助他们养成良好的行为习惯，我认为抓住教育契机、制造一个难忘的"疤"很重要，而这个制造的过程离不开家庭的力量。在这个案例中，我选择把主动权交给牛牛，很大程度上是因为我了解他的家庭和他的品格。我认为，在类似的情况下，要不要把话语主动权交给孩子，需要结合事件的严重程度、对孩子及其家庭的评估等，具体问题具体分析。

反复中成长，成长中反复

初中部　李悦悦

案例描述

小桦是一个热爱运动、性格开朗的男孩，但他在学习上却我行我素、桀骜不驯，有些松懈散漫。随着时间推移，上课睡觉、不完成作业、不遵守班级纪律和规则的"小霸王"姿态逐渐显现出来，他在和老师的沟通交流过程中也存在刻意回避问题或顶撞老师的现象。

小桦爸爸正直、自律，但工作比较忙，且教育观念比较传统，因而对于小桦的教育，妈妈参与多，爸爸参与少。小桦妈妈很用心，会经常与老师沟通孩子在学校的表现和状态，认真细致地对待孩子的生活和学习。

在和小桦父母沟通的过程中，我分析了小桦出现这些问题的原因。一是小桦父母总是采取物质奖励的方式激励小桦，小桦有了"谈条件"的习惯；二是在小桦需要倾诉和支持的时候，父母未及时成为坚强的后盾，因此小桦想借助一些行为引起家长的关注；三是爸爸陪伴较少，在小桦面前没有权威，尤其在对待孩子玩手机游戏的事情上，只靠妈妈一人管教，事倍功半。

家校共育对策及效果

家长会后，我与小桦妈妈交流，寻找方法，小桦妈妈表示会全力配合老师的工作，这给了我很大信心。我与小桦妈妈达成共识，如果小桦再次出现上课睡觉的现象，便邀请他们来学校陪读。

果不其然，小桦又一次上课睡觉了，我无奈拨通了小桦妈妈的电话，再次讨论如何解决孩子目前存在的问题。而这一次，小桦父母一起来到了学校，令我惊喜。

初入职场的我虽有一腔热血想要帮助学生成为更好的自己，但还没有太多经验，于是我邀请经验丰富的同事一起与小桦父母沟通交流。

针对小桦目前存在的问题，我提出了几点建议：

1.父母教育观念要一致，教育策略要一致。从小桦目前存在的问题出发，父母要有统一的教育策略，实现家庭教育的合力。

2.小桦爸爸要多花一些时间陪伴孩子，多参与教育孩子，发挥榜样作用。小桦爱踢足球，小桦爸爸可以多了解一些足球资讯，抽时间陪孩子踢足球，帮助孩子找到情感的释放点。

3.父母要多和小桦沟通，了解他遇到的困惑和难题，帮助他解决。在沟通过程中，不应指责孩子，要站在孩子的角度来分析看待问题，和孩子共情，让孩子相信父母是理解自己的，也能帮助自己。

4.老师和父母都应给小桦更多有关学习和生活上的仪式感，让他感受到被尊重和被需要。

此次谈话后，小桦不断完善自己、改变自己，给了我很多惊喜。我看到他越来越融入班级这个大家庭，享受和同龄人相处的自在和快乐；我看到他和老师们越来越顺畅的交流以及偶尔任性的小撒娇；我看到他坚持学习不掉队的决心和努力，以及越来越足的韧劲儿。不管是生活、学习还是人际交往，小桦都有了惊人的进步，他成为了更好的自己，也成为了老师和同学心目中的阳光少年。

反思与总结

回顾小桦这一年的成长历程，虽然他的问题偶有反复，但我、小桦父母和小桦本人都不可否认地看到了他的成长和进步。我们应该接受每一个孩子在问题反复中收获的成长，我们也应该接受每一个孩子会在成长中反复出现某一个问题。在这个过程中，老师和父母应善于进行更细微的观察，善于发现孩子的闪光点和进步点，不断在孩子成长过程中注入鼓励的力量，不断让孩子在发现问题、解决问题中收获更多的成长。

厘清职责，有效陪伴

初中部　周建伟

案例描述

小张是初二年级学生，他弹得一手好钢琴，擅长篮球、足球等体育运动。但他的学习基础较弱，自律性不强，放学后经常在外逗留，不按时回家写作业，学习主动性不够，电子设备的使用没有节制，花费了很多时间在玩耍上。

小张家境不错，但他的父母对孩子的教育理念存在严重分歧。小张妈妈溺爱孩子，看不得小张吃一点苦；爸爸的教育理念比较正确，但得不到妈妈的支持与配合。在辅导作业时，虽然爸爸很负责，但缺乏耐心，也不太注意方式方法，常常指责小张，对他的心理造成了一定影响，而妈妈见状就会指责爸爸。就这样，辅导作业演变成了一场家庭大战……

小张每次犯错后，经过老师、父母的沟通和教育，他能认识到自己的问题，但这种情况总是反复，好景不长……

家校共育对策及效果

在充分了解小张的问题及他的家庭教育情况后，我分别跟小张和他的父母进行了深入沟通。在与小张的沟通中，我了解了他的思想动态，知道他向好，愿意改变，但自制力不够，需要外力督促和帮助。在与其父母面对面的沟通中，我知道了他家的问题主要是教育孩子时的家庭分工不明，教育理念不一致，而这些都极不利于孩子的成长和改变。

于是，我肯定了小张的优点，联合各位任课教师对小张多鼓励，多做正面引导。然后，不间断地做小张的思想工作，帮助他树立信心，让他不再散漫，遵守纪律，还指导他合理使用电子设备。最后，与小张父母协商并规划好教育孩子的分工，梳理清楚各自的职责。我的良苦用心，获得了小张父母的认同。

针对小张当下的问题，我给出了一些具体的建议：

1.管理电子设备的使用。规划好孩子每天的电子设备使用时间，使用完由父母保管，父母定期与老师反馈情况。

2.理顺家庭教育的分工。小张爸爸在学业指导方面更专业、更负责，那就由他负责孩子的学习；妈妈负责生活等后勤保障，不插手爸爸对孩子的管教。两人各司其职，不指责、不埋怨。

3.爸爸以身作则，要有耐心和恒心，改变对待孩子的不当方式，尽量做到不指责、不挖苦孩子，辅导孩子要持之以恒。

一段时间后，小张的学习态度和意识有所改善，课堂纪律也好多了，得到了几位任课老师的表扬，各科的学习成绩逐渐提高。经了解，小张已删除了很多校外朋友的微信和电话，开始专注于学校生活和学习。他的父母统一了教育理念，捋顺了家庭关系，分工合作，不再互相埋怨。一家人经过一段时间的调整磨合，发现有一定效果，孩子在学业上明显进步不小。虽然小张的学习主动性还是比较弱，但有了父母有效的帮助和陪伴，已经开始向好的方向发展，相信他会越来越好。

反思与总结

要想解决孩子的问题，一定要全方位地去了解孩子的成长背景和思想动态，这样才能真正帮助孩子或家长。家庭教育理念不一致，父亲要管，母亲不让管，导致孩子钻空子或不知所措。作为班主任，在分析学生问题时，要为整个家庭"问诊号脉"，找到问题的根本原因。

很多情况下，家长内心是想配合学校的，但却不知道具体该怎么做。所以，班主任一定要给出具体明确的指导，让家长明白该怎么做。班主任要帮助家长想办法，而不是把问题推给家长。

让学生成为闪闪发光的金子

高中部　方甜

案例描述

小奕平时比较自由散漫，喜欢我行我素，在违反校纪校规后，他常常逃避不愿承认错误。由于从小经受体罚比较严重，小奕与父母的关系比较紧张，害怕与父母沟通，同时也不愿意老师与父母沟通其在校问题。

小奕妈妈平时工作非常忙碌，周末基本不在家。他的爸爸周末需要照顾年迈的爷爷，也基本不在家。小奕平时住校，回家后基本都是自己一个人。他的自制力较弱，周末经常一直玩手机，好几次还把手机带到学校。

在日常班级管理中，我发现小奕其实有很强的集体荣誉感，比较喜欢别人的表扬与鼓励，不愿意接受批评与指正。

在多次与小奕父母沟通后，我找到了与小奕相处的正确方式。我积极发现他的闪光点，激发他的集体荣誉感，让他找到自我价值，逐步改正缺点。

家校共育对策及效果

我在日常班级管理过程中重点观察了小奕的行为，记录他的各种表现，发现了小奕的很多优点，比如，小奕喜欢打篮球，有很强的集体荣誉感。另外，通过与其他同学沟通，我也更加深入了解了小奕。

在充分了解学生后，我与小奕父母多次电话沟通，建立了对彼此的信任，并邀请他们来校进行深入的交流。考虑到小奕非常害怕家校沟通时老师告状，我把小奕也叫来一起交流，拉近他与父母、老师的距离。在交流中我先说小奕的优点，让他放下戒备心，愿意敞开心扉面对自己的问题。对于他和父母之间的矛盾，我还站在教育者的角度，给了小奕父母一些建议：

1. 体罚不是正确的管教孩子的方法，必须在以后的家庭教育中停止。
2. 建议小奕妈妈多抽出一点时间跟小奕交流，了解小奕内心的想法。
3. 建议小奕爸爸带着小奕一起照顾爷爷，让小奕感受到爸爸的孝顺，更加理解父母，缓和父子关系，同时也避免小奕在周末被"孤立"。

4.尽可能地创造家人一起活动的机会，让小奕感受家庭的温暖。

5.借助篮球等体育活动分散小奕对手机的关注，让小奕逐步摆脱对手机的依赖。

在当面沟通后的一段时间内，我通过电话回访、线上家长会等形式继续跟进小奕在家的情况，并及时跟小奕父母沟通。

经过一学期的沟通交流，小奕基本能遵守学校各项规章制度，未出现私自带手机进校园的情况，偶尔有事带手机入校能主动交给老师保管。他在班级里能团结同学，并带领班级取得了年级篮球赛第一名的好成绩。在学习成绩方面，小奕由原来入校时班级垫底上升到班级中游水平。他在家也表现良好，与父母的关系逐渐改善，还会主动干家务。

反思与总结

通过小奕同学的教育案例，我总结出以下经验：

1.遇到表现不好的孩子不要全盘否定，要先充分了解他，多挖掘他的优点。

2.在引导孩子向好时，可以从孩子的优点、长处入手，让他建立自信心，帮助他逐步克服困难，改正缺点。

3.在与家长沟通时，要先了解家长的教育习惯和孩子的成长环境，这对发现问题的根源有很大帮助。

4.家校共育是一件需要长远坚持的事情，不是靠一次谈话就能一劳永逸的，需要不断地沟通合作。

5.很多家长虽然比一些老师年长，但是他们的教育方法和经验并不比老师好，老师需要帮助家长建立正确的教育理念，为他们提供更好的教育方法。

没有爱，便没有教育

高中部　王敏

案例描述

小李，男，身高一米七五左右，偏瘦，脸部线条明显，看上去就带着一股倔强劲儿。小李学习态度不端正，成绩也不理想；经常违反校规、校纪，眼神里充满了对周围人的敌视，和老师交流时也缺乏基本的礼貌。

小李家里的氛围不是很和谐，经济条件一般。他的妈妈身患疾病，没有劳动能力，对孩子的教育无能为力；爸爸是家里的主要经济支柱，但脾气暴躁；小李还有一个同父异母的哥哥，平时与生母居住，与小李见面较少。

小李的表现并不是一直都这么消极。从前，他也是积极向上、努力学习的孩子，但每次取得进步，希望得到爸爸的赞许和鼓励时，爸爸给他的都是讽刺和贬低。加之妈妈长期患病，从妈妈那里也得不到他渴望的温暖，久而久之，他形成了目前的人生态度。从小李的种种表现可以看出，他需要认可、尊重和温暖。

家校共育对策及效果

首先，悦纳小李，不要盯着他的缺点不放，要发现他的优点，努力帮他找到存在感，真诚地表扬他，取得他的信任。

其次，多和小李交流，了解他的成长历程，为后续有效教育做好准备。

再次，和小李父母面对面地沟通，深入了解他的家庭背景。

最后，家校达成共识，总结小李目前的问题，分析问题产生的原因，研究今后家校共育的努力方向。

我与小李父母就以下两点进行了沟通：

1.在教育孩子的问题上，父母不能逃避和松懈，把责任全推给老师和学校。

2.尊重和信任是教育的前提，但也要对孩子的不合理要求说"不"。如果孩子不能从父母那里获得尊重和信任，那接下来的说教就没有意义。但事事顺从孩子，也并不是对孩子的尊重和信任，长此以往，会造成孩子的自私自利，不利于孩子成长。

通过沟通，小李理解了父母的辛酸和不易，父母也看到了小李的需要，他们之间多了一份理解，关系和谐了许多。也许是小李的生活有了目标，他和任课老师的摩擦变少了，即使偶尔有不完成作业的情况，在交流时也不见以前那种不屑和敌视的眼神。最让我欣慰的是，小李不但通过了高二上学期的四门会考，心态也变得积极起来。

反思与总结

正所谓"十年树木，百年树人"，在教育孩子的过程中，不要追求立竿见影的效果，要动之以情，晓之以理，给孩子改变的时间。

不要试图把成年人的人生观、价值观强加给孩子，要站在孩子的角度，去思考其行为举止。要理解和悦纳孩子，努力发现他的优点，比如小李的书桌很整洁，物品摆放很整齐，也从来不丢三落四。实事求是地表扬孩子的优点，切忌浮夸，以取得他的信任。

在取得信任的前提下，多了解孩子的成长历程，为有效教育做好充足的准备。可以家访，亲自去看看孩子的生活环境，深入地和家长沟通，取得他们的理解、支持和配合，为后续的网络、电话沟通打好基础。

我想每位班主任在自己的职业生涯中，都会遇到各种各样的"问题学生"，对他们既要严格要求，又不能采取生硬的教育方式。实践证明，让孩子感受到班主任的关注和爱，一个真诚的微笑、一个夸奖的手势、一个肯定的眼神等，都会激发他们的上进心和自信心，也让我们在工作中真真切切地收获感动和幸福。

规则下的刚与柔

高中部　张瑶

案例描述

小诺有轻微阿斯伯格综合征，心理发育较为迟缓。他平时说话很大声，爱举手提问和回答问题，但表达不流畅；记忆力不好，上课的时候会晃桌子、抖腿、发出一些奇怪的声音；规则意识较弱。当然，小诺也有很多优点，他单纯善良，热情有礼貌，心思专注，爱钻研，爱思考，学习成绩不错。此外，他涉猎广泛，喜欢计算机编程。

小诺父母都是知识分子，虽然他们工作比较繁忙，但是非常重视小诺的学习和生活，为他的健康成长倾注了大量心血。在新生入学前，小诺父母就与我详细沟通了孩子的特殊情况。他们在学校附近租了房子，小诺爸爸每天都会雷打不动地接送小诺上下学。

小诺虽然外表高大，但心理年龄其实只有十一二岁。他的一些不良行为其实是无意识做出的，当别人指出时，他会自责，但是过不了多久还是会出现这些行为，需要老师和父母反复提醒，不断纠正。

家校共育对策及效果

第一次月考时，监考老师反映小诺在考试结束铃声响起后还在答题，老师制止他也不听。我找到小诺，耐心地告诉他考试结束铃响以后不能再答题，他答应下来。结果，期中考试他还是存在这种现象，并且在考试过程中还会不断地举手问监考老师问题。

我把小诺的情况反馈给了他的父母，他们看出我不忍心批评小诺，告诉我犯了错就要严厉地批评他，要不然他记不住。在与小诺父母沟通达成一致后，我严肃地批评了小诺，指出考试结束后必须立刻放下笔，等待收卷，跟他强调此时继续答题是需要按照作弊来处理的。同时，也跟他强调在考场上要专心答题，不能随意举手说话。小诺父母也在家里跟小诺强调了考试的规则。

父母之爱子，则为之计深远。我与小诺父母达成共识：

1.要明确规则意识，小诺是一个规则意识比较淡薄的孩子，因此老师和父母要严厉指出孩子的错误，并且明确地提出具体的要求。

2.父母需要坚持。正是因为小诺的特殊,父母更应该从小事做起,不断地纠正其行为,只有这样,才能帮助孩子树立良好的规则意识。

教育是一件每天每时都要做的事情,在这个过程中,要有张有弛,严厉当中有温暖,批评当中有温情。让孩子真切地感受到父母和老师的做法是为了他的成长和未来,这样他才能更容易接受。

之后的考试,小诺几乎没有再出现类似的问题,老师们纷纷夸赞他变得越来越好。小诺顺利度过了适应期,历次成绩都位列班级前茅。每次见到我和其他任课老师,他都会有礼貌地大声问好,还经常把自己带来的水果分享给我们。他用自己的成绩和表现赢得了老师们的喜爱,也得到了同学们的敬佩和尊重,各方面都朝着好的方向发展。每当看到他的笑容,我也会觉得心里暖暖的。

反思与总结

对待特殊的孩子更加需要耐心和爱心,对于他不好的习惯要反复纠正,不能因为他的特殊就不忍心批评,否则他很难意识到错误。只要出发点是好的,孩子是能够理解老师的良苦用心的。更重要的是,孩子的成长离不开家校良好的沟通和合作,当孩子出现问题时,一定要第一时间与家长沟通,找到最合适的方法来解决问题。

第二章

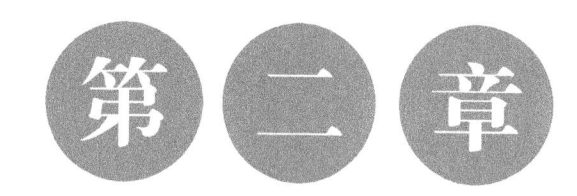

学习习惯与动力主题案例

成长的快乐——家校共育不间断

小学部　崔殿哲

案例描述

小骏时而开朗时而内敛，水汪汪的大眼睛里总是透着温暖，尊敬师长，团结同学，心思细腻，热爱思考，喜欢唱歌、跳街舞、游泳、打篮球。他喜欢举手发言，班级事务中也总会有他的身影，深得老师和同学们的喜爱。但他也有令人头疼的一面：他专注力不好，上课很容易被周围同学的小动作吸引，写作业开小差，吃饭也三心二意。因为饭量好，他有逐渐变胖的烦恼，同时自信心不强……

小骏父母十分关注他的成长，但最近几年，他们工作的行业受到了冲击，爸爸工作繁忙，经常出差不在家，妈妈只能回归家庭，把更多的注意力放在他身上。

在和小骏妈妈的沟通中我得知：小骏三岁以前跟着姥姥生活，由于老人的疼爱，经常会在他学习和玩的时候一会儿送水果一会儿送水，在他专注做事情的时候打断他。小骏十分需要家长的关注，尚未形成自我管理能力。上学期，因为家中老人生病住院，父母的注意力都放在了老人身上，导致小骏的学习成绩下降很厉害。

家校共育对策及效果

我采取面对面和线上的方式与小骏父母进行沟通，及时反馈小骏的在校表现情况，并了解小骏的家庭教育情况。在这之后我利用假期时间与小骏父母共同制订了"假期成长计划"：

1.要求小骏每天完成当日学习和锻炼的任务，如果因为特殊原因实在完不成，可以跟父母商量先完成一部分，余下的第二天再补。

2.培养小骏对体育运动的兴趣，引导他体会运动的快乐以及成就感，养成锻炼的好习惯，助力孩子健康成长。同时，掌握一项运动还能给小骏带来自信心，让他认同自己的学习力。另外，运动也是训练专注度的一个好方法。

3.培养小骏做事专注的习惯，记录每次因为什么分心，在今后注意避免。和老人进行沟通，在小骏学习的时候尽量不打扰他。告知小骏在学习时不能有问题就喊妈妈，不会的题先做好记号，等所有题做完后再寻求帮助，避免打断思绪。

这个计划取得了明显的效果：

1.假期里，小骏每天都坚持按时完成学习任务。有一次去游乐园玩，晚上回来已经很晚，但小骏还是做完了数学练习题。

2.父母有意地在生活中锻炼孩子的数学能力，在去游乐园时，给小骏准备了各种面额的纸币，让小骏自己给好朋友买小礼物，小骏还用这些钱主动给妈妈买了鞋子。

3.小骏在专注度方面也有所提高，他坐得住了，逐渐养成了良好的学习习惯。

4.在体育运动方面，小骏爱上了游泳，并且只用了五天的时间就学会了自由泳，这大大地提高了小骏的自信心和自豪感。

小骏体会到了成长的快乐，现在正迫不及待地期待着开学让老师和同学们看到他的进步。小骏父母也对他的改变感到欣喜，并记录了他的成长点滴，打算在小骏十八岁时将他的成长记录作为礼物送给他。

反思与总结

每个孩子都是这个世界上独一无二的存在。马斯洛的需要层次理论中"归属与爱的需要"让我们知道，孩子十分渴望长辈的关注和认同，但是过度关注孩子的话会不利于孩子自身行为习惯的养成。我们应该适当地给予孩子引导，让孩子在成长中完善自我。经过实施"假期成长计划"，小骏在专注度、健康、自信心等方面都有了巨大的提升。

这个"假期成长计划"突出了家校共育的重要性。上学期间，学生的表现老师们是看得见的，会及时与家长进行沟通。但是到了节假日，家庭教育的地位就凸显出来了。很多学生在假期后返回学校，老师们都会惊呼他们的变化，然而这些变化并不全都像小骏一样是进步、喜人的，所以，假期里家校共育不间断显得尤为重要。老师和家长之间要保持沟通，及时跟进孩子的成长变化，共同为孩子的成长保驾护航，让孩子体会成长的快乐！

爱和鼓励让孩子变乖

小学部　魏婷

案例描述

小雨是一个四年级的男生，他性格腼腆，不爱说话，只有一两个经常玩的朋友，但他们之间还时不时闹矛盾。小雨的行为习惯存在很多问题：学习缺乏主动性，做作业时常敷衍了事；上课专注力很差，不主动举手回答问题；自理能力较差，课桌和书包柜总是乱的；犯了错误被老师批评教育时，他虽然不会顶撞老师，但也并不认为自己有错，比较偏执。跟小雨沟通时，他很配合，知道自己有很多不足之处，但基本没有什么改变。

小雨是独生子，父母离异，他跟爸爸住在一起。因爸爸工作繁忙，平时主要是爷爷奶奶照顾他。爷爷奶奶溺爱小雨，使他养成了固执、偏激、倔强的性格。爷爷每天陪他写作业，很有耐心，但小雨一心想着出去玩，作业总是将就完成了事。奶奶看到他的表现，急在心里，有时候批评他，他还跟奶奶顶嘴、赌气。由于长时间见不到妈妈，缺乏母爱，小雨又表现出逆反心理。有时小雨妈妈去见他，他刚开始特别开心，过一会儿又变得烦躁，质问妈妈："你为什么要生下我？如果我过得不好你们是不是就开心了？！"小雨妈妈也感到很伤心。我尝试跟小雨爸爸沟通，但他的态度比较平淡，只说会好好教育孩子。

我认为小雨的问题来源于两个方面：

1.在离异家庭，大人之间的矛盾关系处理不好，容易让孩子承受痛苦，这也是孩子叛逆的原因之一。妈妈离得远，没法管；爸爸工作忙，没时间管，即使管也缺乏好的教育方法。

2.在班级里，孩子学习成绩不好，缺乏认真、刻苦的学习态度，对较难的问题不愿意动脑筋，又不肯问别人，不懂装懂，长期发展下去，知识掌握不牢，就容易产生自卑心理。

家校共育对策及效果

我认为小雨的本性是好的，如果父母给他多一些爱和鼓励，他肯定会往好的方向发展。于是我请小雨父母一起来学校，就小雨的行为习惯和学习习惯进行面对面的家校沟通。

首先，我拿出小雨的作业，他的父母看到潦草的字迹感到很震惊，这说明他们平时没有参与孩子的教育。其次，我告诉他们小雨的爷爷认真负责，每天陪他写作业，不会的字一遍遍地教他写,引起他们的共情。最后,我就小雨的人际交往方面做了分析,描述了发生在他和同学之间的几件事,希望家长引导孩子对同学关系有一个正确的认知。

针对小雨的问题,我给出了一些建议:

1.妈妈每周末接孩子一起住,认真陪伴孩子,可以共读一本书,可以看一场亲子电影,可以一起做一顿饭……总之,让孩子真切感受到妈妈的爱。

2.下班不忙的时候,妈妈可以跟孩子视频,鼓励孩子自己的事情自己做。

3.爸爸帮助孩子发展运动能力,和孩子一起制定运动计划表,比如,跳绳、蛙跳、跑步等,每完成一项就在表中相应的位置画笑脸作为鼓励。

4.爸爸抽时间带孩子去户外爬山,游玩,让孩子心胸开阔起来。

这次沟通后,小雨的家长做出了适当的改变。小雨妈妈其实是很爱孩子的,周末会带小雨出去见好朋友,提高他和别人沟通交流的能力,并及时夸奖他的进步,让小雨感受到母爱的温暖。小雨和爸爸做了一个约定,各自制定了运动计划,等学期末的时候来看是否达成了目标。如果目标达成,小雨爸爸就会带小雨去他向往已久的广袤的沙漠。我经过一段时间的观察,发现小雨对学习、生活的态度有所改观,情绪较稳定,能意识到自己的错误。任性、固执的情况得以缓解,逆反心理在减弱,但仍缺乏学习的自主性,抗挫折能力较弱。对小雨的教育仍需长期坚持,我希望他能成为坚强、勇敢、健康的人。

反思与总结

父母都希望孩子优秀,殊不知,孩子的行为其实就是父母行为的映射,父母给予孩子多少关注与陪伴,孩子就会回馈父母多少乖巧和优秀。小雨敏感、不自信等性格的养成无疑与原生家庭的环境与教育方式有很大关系,父母疏于对孩子关心和鼓励,认为爷爷奶奶会安排好孩子的一切,却不知父母才是孩子不可或缺的情感归宿,正所谓,爱和鼓励才能让孩子变得更好。

和时间赛跑——儿童时间管理的有效策略

小学部　杜婧

案例描述

　　琦琦是一个善良又温暖的男孩，脸上总是洋溢着恬淡而又真诚的笑容。他爱好科学探索，尤其酷爱乐高拼插。但他在行为习惯、自驱成长力养成方面存在很多的问题：不认真在家校联系本做记录；完成作业不及时、不主动，也不准确全面；上课注意力不集中，对于不感兴趣的课程内容，常常就"与周公约会"去了。而一到课间，琦琦的精神状态就好了，和同学们交流、玩耍，就像一只快乐的小燕子。面对琦琦的这些问题，我常常和他沟通，但他总是为自己的行为找理由：不记录是因为找不到家校联系本了；不完成作业是因为自己不知道老师留了什么作业；课上睡觉是因为昨晚没睡好；上课走神是因为控制不了自己的思想；知识没复习好是因为妈妈没带自己复习这部分……

　　琦琦的家庭条件优渥，家中仅他一个孩子，是集万千宠爱于一身的幸福宝贝。他的父母经商，妈妈工作时间灵活且对他的学习和生活照顾得细致又周到，奶奶对他的陪伴与照顾更是提高了他的幸福指数。琦琦的家人们是通情达理的，琦琦妈妈对琦琦的不足也有比较全面的认识。与琦琦妈妈的沟通，让我对琦琦的了解更加深入了：

　　1.琦琦是父母很不容易才拥有的孩子，因琦琦妈妈高龄且早产，琦琦先天感统发育存在些许不足，这是他行为习惯问题形成的核心因素。

　　2.琦琦的家庭是个大家族，家人十分宠爱他，对他照顾有加。在此环境中成长，琦琦的责任心、自主性、内驱力都相对薄弱。

　　3.琦琦爸爸较忙，妈妈的文化程度有限，缺少科学的教育方法与指导。

家校共育对策及效果

　　经历了两年的教育教学陪伴，在充分了解了琦琦的问题以及他的家庭教育情况后，我将收集到的所有材料进行了整理，邀请数学、英语、科学、音乐学科的任课老师们与我共同组成家校共育导师团，邀请琦琦父母和奶奶一同来学校，就琦琦的在校表现和未来的进步空间进行了面对面的家校沟通。

首先，我与家长分享孩子需要改进的地方，各位任课老师分别介绍琦琦在学科中的表现，帮助家长客观全面地了解琦琦在校的情况，阐述教育、成长困境，呼吁家长重视琦琦需要进步的方面。

其次，向家长详细讲解学校、老师的教育策略及教育初衷，希望获得他们的认同、支持与配合。

针对琦琦当下的问题，我给出了一些具体的建议：

1.爸爸再忙也要参与琦琦的成长教育过程，融入琦琦的学习生活之中，以榜样、男性的角色正向引导琦琦。

2.家人对琦琦的爱，是琦琦自信成长的幸福动力，但爱要有尺有度。呼吁家人不溺爱孩子，给予琦琦足够的独立思考、行动的空间，做琦琦迈向成功的内心力量的源泉。

3.理性看待琦琦感统失调问题的存在，给他足够的尊重、耐心和关爱，及时学习科学治疗办法并理性应用于实践，重视与孩子、老师间的沟通，及时科学干预，让教育寓于无形之中。

4.建议家长和我一起，为琦琦记录习惯养成日志，借助日常量化记录，及时以文字或图画的形式写出家长、老师对琦琦日常行为表现的鼓励与建议，让教育更加融于内心、进于无形。

5.关注琦琦的时间概念的建立，家校共同以"时间三步法"促进孩子日常成长。引导琦琦做好每日、每周、每月的时间管理计划，及时梳理一日、一周、一月乃至一年的成长收获，引导琦琦自发地提高做事效率，进而做事更加细心、用心。

在这次探讨之后，琦琦的家人做出了多方面的努力和改变。琦琦爸爸会抽出时间陪琦琦写作业，在琦琦写作业时，爸爸则安静地看书或者练习书法，努力与孩子同频。在琦琦出现问题时，家长不再一味责备与要求，而是从琦琦的角度出发，试着理解他，关注他的内心世界，同时给予他可逐步行动的近期或长期的建议，让琦琦可以越来越清晰地自主思考、感知自己的进步路径和成长喜悦。琦琦妈妈准备了习惯养成日志，每天根据老师的反馈，及时记录琦琦的家庭成长情况，写出温暖的寄语、批注，并在睡前和琦琦聊一聊每日的进步与目标，使得教育更加心连心。

在琦琦的进步过程中，家长以身作则，发挥了良好的榜样作用，琦琦的行为习惯、内驱力养成取得了极大的进步，主动交作业次数变多了，作业质量也有了很大的提升，自主行动意识越来越高，各方面都取得了长足进步。

反思与总结

　　家长是孩子的第一任老师，也是最棒的老师。好的教育需要发现教育现象背后的问题，对症施以科学的教育策略，这样才能收获更棒的教育成果——好的学生，优秀的孩子。同时，学校教育需要和家庭教育手牵手，心连心，一起看到孩子内心的感受。做有心的教育，少一些责备与抱怨，不做与他人的横向对比、批判，只立足于孩子自身，引导他通过自己的努力突破自己的成长瓶颈。和时间赛跑，正向鼓励引导，及时给出可行的步骤解析，让每一朵花的开放都有迹可循，静静聆听花开的声音。

齐心协力，静待花开

小学部　赵燕华

案例描述

小千是我教了四年的学生，她是一个开朗活泼的姑娘，爱好广泛——阅读、乐高、田径等，尤其擅长跑步，曾多次代表班级参加比赛并取得优异成绩。这样一个上进的孩子，上课、写作业时经常走神，不能集中注意力。她的学习基础差，缺乏自信心，又有点散漫。

小千的家庭是三代同堂，家里还有爷爷、奶奶、爸爸、妈妈和妹妹（一岁一个月）。她的家庭教育现状是：

1.家长的教育理念不统一。在管教孩子时，每个人都在发表不同的意见或建议，导致孩子不知道该听谁的。

2.爸爸平时手机不离手，对孩子的教育关注不够。妈妈工作忙，缺乏耐心，容易将负面情绪带给孩子。

3.爷爷对孩子较有耐心，能够帮助孩子学习，但奶奶有时会因为唠叨和孩子发生冲突。

我分析了问题所在：基础差，影响小千的自信心；习惯差，影响小千的学习效率，容易厌学；家庭正面引导不足，对小千的自律性培养不利；小千自身的散漫影响了进步的速度。小千现在也意识到自身的不足，有改进意愿，但效率较低。

家校共育对策及效果

充分了解小千及她的家庭教育情况后，我进行了详细的分析与整理，做了如下家校沟通设计：

1.添加家长微信，及时沟通。把小千在校表现、学习情况等告知家长，同时帮助小千制订目标及计划。在平时教学中，发现小千的优点或表现好的地方，及时记录下来以备分析，做到多观察、多记录、多表扬。

2.面对面家校沟通。我、小千及其家长一起坐下来进行沟通交流，肯定小千的优点，针对其表现不好的方面进行思想教育和心理疏导。

3.为了增强小千的自信心，邀请她的妈妈走进班级家长大讲堂，结合自身从事的职业，给同学们开展一场专业培训。

4.后期家校合作成果显著，邀请小千妈妈在家长会上分享经验，为其他家长提供参考。

针对小千的问题，我给她的家长提出了一些具体建议：

1.妈妈再忙也要抽出时间来关注和陪伴小千学习，帮助小千养成良好的行为习惯。

2.爸爸要参与到小千的成长教育中来，以身作则，树立表率。

3.家庭教育理念要统一。教育小千时，其他人如有不同意见可以私下沟通，不要当面唱反调或相互指责。

4.爷爷有耐心且时间充足，可以让爷爷每天督促小千并做好记录，帮助小千养成好的学习习惯。

几次沟通后，家长做出了一些改变：

1.爸爸每周都抽出时间陪伴小千学习，父女共读一本书，分享读后感，不仅学习知识，还增加了父女感情。

2.妈妈不再每天都加班，每周抽出两三天时间陪伴学习，静静坐在小千身旁，一方面指导学习，另一方面引导良好学习习惯的养成，并享受美好的共处时光。

3.爷爷准备了习惯养成日志，及时记录小千的表现，并由妈妈在每周末与小千进行一次记录总结。

统一了家庭教育理念，小千的家庭氛围更和谐了，小千的学习自律性也增强了。家长言传身教、以身作则，发挥榜样作用，小千的学习效率提高了，学习和生活习惯也日渐改善。

反思与总结

孩子是家庭的一面镜子，孩子的表现投射出家庭的影响。作为老师，不仅要分析孩子，还要分析孩子的家庭，才能真正找到症结所在。

家长感受到了老师对孩子浓浓的爱心、耐心和责任心，就更加容易理解、支持和配合老师，这样就实现了家校沟通的目的——一切为了孩子。

春风化雨，润物无声

小学部　李萌

案例描述

入职之后的第二年，我正式成为了一名小学班主任。因为是中途接手这个班级，为了更加熟悉班级的情况，我跟前任班主任做了很长时间的沟通。班里的一个孩子，引起了我的注意。小义是一个活泼可爱的男孩，他是积极帮助老师的贴心小暖男，是乐于帮助同学的小"雷锋"，同时还是歌声嘹亮的小歌手……但是，他在学习态度方面却存在很大的问题，不按时交作业、上课开小差、违反课堂纪律等表现使他成为了老师们口中的"学习困难户"。每次与小义沟通，他总是态度诚恳，承认自己的问题，却不能改正。后来，我决定另辟蹊径，绕过小义先跟他的父母沟通，更细致地了解他的情况。

通过沟通，我了解到小义家庭条件优渥，父母工作较忙。小义是独生子，家中长辈对他抱有很高的期望。小义父母知道孩子在学习上有很强的惰性，与孩子进行了多次沟通，但是效果不明显。而且随着年龄的增长，小义出现了一些逆反行为，这让他们更加束手无策，不知道该如何帮助小义树立正确、积极的学习观念。

在与小义父母的交流中，我逐渐发现了问题的关键：虽然小义父母非常希望能够转变小义的学习态度，但是由于多年来的放养，小义的自制力和自我约束力都不够强。习惯的养成需要一个周期，对于自制力薄弱的小义而言，在养成习惯的过程中，父母的监督和帮助至关重要。但小义父母平时工作忙碌，对孩子的监管有些力不从心，这也导致小义在建立新习惯的过程中出现反复。

家校共育对策及效果

在充分了解了小义的问题以及他的家庭教育情况后，我将小义爸爸请来学校，并邀请数学老师、英语老师一起，就小义的学习态度问题进行了面对面的家校沟通。

首先，任课老师依次向小义爸爸讲述孩子的学习情况，着重说明小义在学习上的惰性导致他的成绩不理想，各学科基础不够扎实，孩子亟须端正学习态度，养成好的学习习惯。

其次，我向小义爸爸详细讲解了孩子习惯养成的过程，在此过程中父母的重要作用，以及小义目前遇到的问题，由此获得了小义爸爸的认同。

针对小义存在的问题，我给出了一些具体的建议：

1.父母要参与到孩子的习惯养成过程中来，父母的陪伴是无可替代的。

2.在孩子遇到挫折的时候，不要过多地批评孩子，而是要鼓励孩子，帮他重塑自信心。

3.每日和孩子一起总结，引导他关注自己取得的进步，正视自己存在的问题，扬长避短。

在这次沟通之后，小义父母做出了一些改变，因工作忙碌，所以他们轮流陪伴和监督小义完成家庭作业。当发现小义出现错误或者出现疲态不愿再坚持的时候，他们不再一味地批评，而是采用积极正向的方法引导小义发现自己的不足，同时给予鼓励，增强小义的信心。一段时间之后，小义的学习态度和学习效果都有了很明显的提升。

反思与总结

孩子的教育是家庭与学校共同努力的结果，老师与家长统一教育观念和教育方法，共同进退，对孩子的教育才会事半功倍。小义的转变正是父母与学校共同努力的结果。

作为班主任，在帮助孩子改正问题时，要积极调动各方面的力量，建立统一战线，帮助孩子战胜困难，取得进步。在面对内心焦急的家长时，不能只向家长说明孩子存在的问题，还要积极帮助家长想办法，给出具体明确的指导，指明解决问题的方向。

爱孩子，就坚持吧！

小学部　任力英　赵靖华

案例描述

小然各个学科的基础都很薄弱，又很难在课堂中集中注意力，因为听不懂，他就更不愿意听，有时还会影响其他同学。可是很少有同学来"打报告"，因为他心地善良，包容他人，经常无私为班级做好事。

小然爸爸鲜少参与孩子的学习，未起到良好的正面引导作用。小然妈妈主要以家庭事务为主，有时会做些临时工作。小然还有一个同龄的姐姐，就读于不同班级，姐姐的学习相对比较好。大家难免会对两个同龄姐弟进行比较，小然的心理也因此受到了一定的影响。

小然的问题主要在于他的基础知识没有得到及时的积累和强化，导致上课听不懂，他也因此松懈了继续努力的劲头，逐渐失去学习的兴趣，更不用说学习的专注力和毅力了。

家校共育对策及效果

针对小然和他的家庭情况，我们采取了以下对策：

1.联结情感，获得信任。我们多次了解小然的家庭情况和学习情况，了解小然父母的需求并提出建设性意见。

2.因势利导，放大优点。小然品行优良，得益于父母的善良和家庭熏陶。我们经常把小然帮助老师、为班集体无私服务的事情反馈给小然父母，让他们得到更多关于小然的正面反馈。

3.力所能及，归零心态。建议小然父母督促小然从最简单的朗读做起，把简单的事情做长久。

4.定期鼓励，树立信心。只要小然能坚持每天朗读，就及时夸奖和鼓励他，树立小然的信心。

对待两个孩子，我们建议小然父母变比较为夸奖，多调动孩子的积极性。鼓励小然爸爸多参与孩子的学习和生活，让家庭教育生态更健康。在学习上，我们提示小然父母帮助孩子温故知新，每天坚持，养成好习惯。

双向奔赴　静待花开
人大附中北京经济技术开发区学校家校共育案例集

过去的一年,语文赵老师和小然约定,每天晚上小然给赵老师发朗读课文的视频。小然每天发完视频,还不忘说一声"老师您辛苦了",赵老师也会留言表扬、鼓励小然坚持,小然妈妈也付出了很多的爱与陪伴,给孩子纠正错音,嘱咐孩子谢谢老师……

小然的习作也在赵老师的指点下写得越来越好,在他的作文里,总是充满正义和善良,良知与公德。他最近的一篇习作《我的心愿是当一名消防队员》里写道:"……消防队员穿着厚厚的防护服,向着危险方向飞奔过去。他们举着水枪,对着着火的地方喷水,直到那个火点的火被浇灭。他们就是一个个逆行者,就是我们人民的坚强后盾。我很敬佩他们的尽职尽责,所以我长大了也要成为一名消防队员。这就是我的心愿。如果哪里有火灾,我会第一个冲上去……"

英语任老师总是抓紧校内时间辅导小然改错,帮他复习以前的知识,小然在任老师的指导下也能很快地完成英语作业。

反思与总结

每个孩子都是最独特的那一朵花儿,当我们用爱去拥抱他,就是在坚持做一件最简单而又最伟大的事。小然的美好心愿离不开家长的言传身教,他的良好品格就是在家长日复一日的叮咛和陪伴中塑造的。正是因为有了这个"1",后面的努力和进步才成为1后面的许多个"0"。

心怀期待，静待花开

小学部　沈千一

案例描述

班里有一个"两面派"，他叫小乐。为什么说他是"两面派"呢？因为他课下活泼开朗，课上却沉默不语；会认真对待班级卫生，但自己的桌洞却总是乱七八糟；能鼓励、帮助遇到困难的同学，但自己遇到困难时却总是退缩。

小乐妈妈在他幼年时因病去世，小乐爸爸工作忙，经常早出晚归。小乐大部分时间是由爷爷照顾，但爷爷年纪大，对孩子的教育无从下手。小乐表面大大咧咧，但内心敏感脆弱，渴望家人的关怀和陪伴。注意到小乐的情况后，我和小乐爸爸沟通了很多次，我感受到小乐爸爸担心孩子长期和老人一起生活会让他变得胆小，不爱表达，不爱与同学交流。更多的时候，我感受到的是小乐爸爸对自己不能给孩子一个完整家庭，不能陪伴孩子成长以及不能督促孩子学习的愧疚。

家校共育对策及效果

结合小乐入校以来的整体表现，我向小乐爸爸逐一说明他的优缺点。在多次交流沟通中，我们达成了以孩子的兴趣为驱动力、以优点带动不足的共识。

小乐特别喜欢踢足球，只要与足球相关的运动他总是积极参与。所以，我打算将足球作为突破口。我邀请小乐当足球宣讲员，让他在班级里讲解有关足球的趣味知识，宣讲结束后，在班级里表扬他，并为他颁发足球宣讲员荣誉证书，增强他当众发言的自信心。

除此之外，我还抓住小乐热爱管理班级卫生这一点，推选他当卫生小组长，负责组内的桌面和地面卫生，这让小乐意识到要管理他人首先要约束自己。

为了让小乐能够将好习惯继续保持下去，我和小乐爸爸保持每周通话一次，及时和他交流小乐进步的地方，并建议他及时表扬小乐。为了增进他们父子二人的交流，我鼓励小乐爸爸给孩子写信，让小乐积极回信。这样，即使小乐爸爸仍然早出晚归，但放在小乐书桌上的几句鼓励的话，小乐回复的简单的一句"我爱您，爸爸！"也让他们的关系变得越来越亲密。

双向奔赴　静待花开
人大附中北京经济技术开发区学校家校共育案例集

不知不觉中，小乐练习足球时越来越投入，因为表现突出，入选了足球社团。小乐也由卫生小组长变成了班级卫生监督员，小乐越来越自信，在课堂上越来越积极，课后作业完成得也更加认真，遇到不懂的问题还会主动在课后询问老师和同学。一年级下半学期，小乐由于体育表现突出，还当上了体育监督员。在期末评比中，经过老师选拔，民主投票，小乐最终获得了班级"全面发展好儿童"的称号。

反思与总结

陪伴小乐成长，见证他的蜕变，就像培育一株花苗，浇水、施肥、晒太阳，等呀，等呀，终于等到了花儿开放。这个过程是饱含期待的，也是饱含幸福感的。教师就如同花匠，在教书育人的这条路上，需要多一些耐心，给每株小花苗更多的期待。只要我们用心呵护，精心栽培，静待花开，那我们最终迎来的将是无比灿烂的花开之季。

家校合作，共同做好孩子的"君亲师"

小学部　闫庆坤

案例描述

小麻是一个聪明的孩子，课上积极发言，思维活跃，总能正确回答老师提出的问题。他还特别喜欢读书，课间总能看到他全神贯注读书的样子。可是升上三年级后，小麻开始懒惰起来，每天的作业再少他也不做，课上也不发言，总是无精打采的。我向他说明作业的重要性，他的认错态度很好，我本以为他会有所改进，可是出乎意料，他仍旧不做作业。

小麻父母平时工作忙，由爷爷督促他的学习，但小麻不愿听从爷爷的教导。小麻父母通常只是口头问问小麻是否完成了作业，并不实际检查。居家学习激化了亲子矛盾，父母的批评与指责，使小麻的叛逆与日俱增，他们束手无策。

小麻的叛逆，究其原因是他的父母疏于对小麻生活及学习的关心，更谈不上关注他内心的真正需求。小麻高层次的爱与归属的需要、自尊的需要和自我实现的需要得不到满足，导致他缺乏上进的动力。面对小麻的叛逆，父母缺乏教育方法与足够的耐心，让孩子越发胆大起来。

家校共育对策及效果

面对小麻的言而无信，我与他的爸爸进行了一次深度的电话沟通。首先，我把小麻最近的作业完成情况拍照发送给他，以便小麻爸爸真实了解小麻的学习情况。

其次，我向小麻爸爸详细说明三年级学习的难度，并指出家庭作业是对当天学习内容的检验与巩固，需要孩子认真去对待。

最后，为小麻爸爸讲解家长在孩子面前需要担当的三个角色，即要作之君，作之亲，作之师。作之君，即家长要做孩子的榜样，以身作则。建议小麻爸爸陪小麻做家庭作业，在陪伴期间，不要"指手画脚"，可以在旁边做自己的工作。作之亲，即对孩子的身心加以关心。建议小麻爸爸每天抽出时间与小麻聊天，了解他的学校生活。作之师，即在孩子有不当的言行时，及时采取相应的教育措施。如果小麻有进步，要及时表扬小麻的具体行为，比如，"今天你写作业的时间比昨天快了十分钟，而且很工整"。尽量不说批评或指责性的话，以免挫伤孩子的学习积极性。

电话沟通后，小麻爸爸便开启了陪写作业之旅，开始真正关心孩子的成长。小麻的作业不仅能按时完成，而且质量也越来越高，课上也能再次看到他积极发言的身影。

反思与总结

雅斯贝尔斯曾说，教育的本质是一棵树摇动另一棵树，一朵云推动另一朵云，一个灵魂唤醒另一个灵魂。孩子在成长阶段会有各种问题，这个时候就需要我们家校合作，形成合力，用我们的爱与陪伴唤醒孩子内心的力量，成长为更好的自己。

期望效应下的学习态度转化

小学部　李志萍

案例描述

甜甜性格活泼开朗,可爱大方,是班级中的优等生。可是她爱学习却不勤奋,有目标却缺乏毅力,学习态度也不够端正。

甜甜爸爸工作比较繁忙,妈妈在家照顾她和两岁的弟弟。甜甜优异的成绩离不开妈妈的精心辅导,但弟弟的出生让她得到的关注明显减少。家长对子女学习的重视程度,很大程度上会影响孩子的学习态度。甜甜现在出现的问题与妈妈对她的关注减少有一定的关系。因为学习态度的好坏,不仅影响孩子的学习成绩,也影响个性与人格的形成与发展。

家校共育对策及效果

如何才能更好地帮助甜甜呢?首先是要肯定甜甜的优点,给她更多的鼓励与表扬,让她感受到老师和父母对她的期望,激励她向好的方向发展。

我积极寻找机会接近甜甜,和她聊天,及时了解她的思想变化情况。在聊天的过程中,我不断给甜甜强化"学习是自己的权利和义务"的意识,让她认识到自觉、认真完成各科学习任务的必要性。我还告诉她我对她的期望很高,在我心中她非常重要。

接下来,就是找甜甜父母交流。我向甜甜父母介绍了我的帮教措施,并希望他们能够和我一同努力。我建议甜甜妈妈多放一些精力在甜甜身上,不要因为弟弟而减少对甜甜的关注,做到多鼓励、多表扬、多关心。

除此之外,我也告诉甜甜我相信她的成绩还能更好,希望能激发她的学习兴趣。我教给她更好的学习方法,增强她的学习自信心,帮助她养成自觉学习的好习惯。

我还让她担任班干部,给她布置较多的工作任务,为她提供展示自我的空间,并适时地予以表扬,让她品尝到因获得老师、同学的认可和赞许而带来的快乐。

几个星期过去,甜甜的成绩真的有了进步,作业书写得越来越工整。同时,甜甜父母对她的关注度也大大提高,甜甜和父母的沟通变多了,他们的每一个鼓励与关注都让甜甜对学习充满热情与信心。

反思与总结

让孩子拥有积极的心态很重要，当每个孩子的心里都被烙下"我行！我能！"的信念，孩子就能在这个积极信念的驱动下，不断尝试，坚持不懈，奔向成功。每个孩子都需要鼓励和表扬，这能激发他们的自信与冲劲，生发无穷的潜力，冲向美好的未来。

家校共携手，成功一起走

初中部　张晓斌

案例描述

小李是一个非常聪明的学生，热爱班级，积极参与班级事务。但最近我发现小李上课不认真，很少做课堂笔记，课上时常与周围的同学聊天，影响其他同学上课。

小李的家庭条件不错，品行也十分端正。小李爸爸工作较忙，小李的学习与生活一直是由妈妈照管，家长会也是妈妈来参加。小李父母十分注重孩子的养成教育，就在今年的暑假，还带小李参加了社会活动，到张家口慰问困难村民、参观沽水福源等。

通过与小李父母的沟通，我意识到虽然小李父母对小李的教育十分重视，但是他们很少为小李制定规则，更不用说让他参与规则的制定。

家校共育对策及效果

在充分了解了小李的问题以及他的家庭教育情况后，我邀请小李和他的父母进行了一次"云家访"。我介绍了小李的在校表现，让小李父母看到小李身上的闪光点。与此同时，我也请小李父母说一说他们对于孩子未来的设想以及对于班级管理的想法，动员家长参与班级的建设。

我询问了小李在家的表现，并把小李在家与在校的表现进行对比，建议小李利用好自己的课外时间，制订好学习计划，查漏补缺。同时，也建议小李父母和孩子多沟通，一起制定一些规则。如做错了需要接受什么样的惩罚，做对了能收获什么样的奖励，等等，帮助孩子建立规则意识。

在"云家访"的过程中，我让小李对比了自己的两次考试成绩，让他明白取得的进步是自己用心、努力的结果，希望他再接再厉。同时，我也鼓励小李多和父母交流，明确自己的人生目标，在开学之后重新端正学习态度，取得更大的进步。

"云家访"取得了良好的效果，得到了家长和孩子的积极反馈。家长反馈，这种有针对性的"一对一云家访"，对他们家庭的帮助很大，不仅让他们更清楚地了解到孩子在学校的真实表现，也让他们进一步认识到了家庭教育的重要性。

孩子反馈，这次"云家访"让他更深刻地认识到自己在学习中存在的问题，他会在今后的学习中养成良好的学习习惯，提高学习专注力和课堂学习效率，做到上课专心听讲，不分神，不和同学说话。

反思与总结

这一学期以来的家校沟通，让我意识到作为一名班主任，要学会换位思考，只有站在家长的角度去思考孩子的成长，让家长理解我们工作的意义与价值，才能最大限度地激发孩子学习的内驱力，使家庭教育成为学校教育的助力。

沉甸甸的热爱

初中部　徐丽婷

案例描述

小轩是个特别喜欢数学的孩子,他几乎每天课后都要到办公室来找我讨论数学问题,我不在就找其他数学老师,因此小轩成为了整个年级的"名人"。

小轩父母都是名校毕业,小轩爸爸当年是当地的理科高考状元,现在从事的是与数学相关的高新技术工作。小轩的家庭学习氛围浓郁,在假期,父母会和小轩一起制订学习计划,带他提前学习下一学期的知识。小轩非常崇拜他的爸爸,在爸爸的影响下,小轩也爱上了数学。

但是小轩不仅在数学课上做数学题,课余、课外时间也做数学题,甚至在其他课上也做数学题,这导致小轩其他学科成绩不理想。虽然数学是小轩的强势科目,但他答题时字迹混乱,经常跳步,不符合答题、解题要求,丢分较多,因而数学成绩也不突出。

小轩的问题日渐突出,导致他上课情绪不好,心理压力很大。我找小轩了解情况后得知,他对提前自学的一些知识点理解困难,很多题做不出来,没有解题思路,心里有些恐慌。据我分析,这显然是因为小轩在没有牢固掌握校内数学知识点的情况下又过于超前自学新知识所造成的。

家校共育对策及效果

针对小轩的问题,我与小轩父母进行了深入的交流。首先,我向他们介绍了小轩在学校的学习情况,表达了希望通过家校合作共同帮助小轩疏解压力的想法。同时,也向小轩父母了解他们为小轩做了哪些方面的心理疏导。小轩父母说:"小轩非常希望有个优秀的数学成绩,对成绩的过于在意让小轩有了沉重的思想包袱。"

为了更好地帮助小轩,我针对性地给出了一些辅导措施和建议:

1.建议小轩父母和小轩分享自己学生时代的学习经历、遇到的挫折以及解决的方法。

2.让小轩知道热爱数学是好事,但不能影响其他学科的学习,要有专时专用的意识,争取各个学科均衡发展。

3.督促小轩端正书写态度,养成规范书写、认真答题,以及做题时标画出有效信息等良好的答题习惯。

4.让小轩明白学习时要在达到质量要求的前提下再追求速度和数量。在提前自学新知识之前，必须先巩固并完全掌握当前所学知识。

经过一段时间的家校共育，积极的效果也逐渐显现。小轩的心理压力确实得到了缓解，心理状态明显得到了改善。小轩开始重视其他学科的学习，各科成绩稳步提高，尤其是数学成绩与上一学年相比进步巨大，在班级、年级中均名列前茅。

反思与总结

学习之路难免出现起伏，低谷时我们陪孩子找问题，高峰时我们告诫孩子不要骄傲。家长和老师共同助力，孩子未来可期！

小轩对数学的热爱让我更加精心备课，用心辅导，因为——

我，不能让孩子失望！

我，不能辜负孩子这份沉甸甸的热爱！

我，要为孩子的热爱保驾护航！

耐心教育，静待花开

初中部　常立霞

案例描述

小阳是个不爱说话，不善与人交流，性格偏内向的男生。他上课从不举手回答问题，很容易开小差，接受新知识的速度较慢。尤其是数学成绩不太理想，完成数学课堂练习的速度是班级中最慢的。

小阳的家庭是典型的三口之家，小阳的教育和学习大多是由妈妈来管理。小阳妈妈能够辅导小阳学习数学，但她平时对小阳说教比较多，导致小阳有时也会出现逆反情绪。

小阳的学习习惯不够好，缺乏毅力，自我管理能力和自律性较弱，这与小阳妈妈过多地包办代替有一定关系。学习数学时，小阳没有注意基础知识间的联系，没有及时做课前预习和课后复习巩固，导致所学知识之间的衔接不够，掌握不牢，因此错题较多，成绩不理想。

家校共育对策及效果

对于小阳在数学学习方面存在的问题，作为任课老师，我认为首先要有足够的耐心和宽容之心，缓解小阳的紧张情绪，帮助他树立自信。与此同时，我及时和小阳父母进行有效沟通，一起督促他养成良好的学习习惯。

每次课堂练习或小测后，我会利用课余时间和小阳一起分析错题，找出他不会的知识点，然后给他讲解，当然我也会给他留够思考和消化的时间。当他紧张着急的时候，我总会对他说："别着急，咱们慢慢来。"当小阳成绩进步时，我会在班里及时大声地表扬他，帮助他慢慢建立自信。因为我相信，只要帮他建立起对数学学习的信心，他是能够慢慢"站"起来的。

我和小阳妈妈电话沟通了关于小阳的学习习惯养成的问题。例如，我建议小阳妈妈督促小阳在做数学家庭作业之前，先看书或笔记，复习一下所学的知识。学习完每一章内容后做一个思维导图，及时把每节课的知识点串联起来，做到及时复习和巩固。每次测试后，要求小阳分析错题的原因并给父母讲解自己的错题。

小阳妈妈是一位极其负责的好家长，采纳了我的建议后，不断鼓励和督促小阳，减少了自己的包办代替，即使小阳做得慢，或者做错了，她也会放手让小阳自己去做！

经历了初一一年的锻炼，又经历了初二一年的成长，我看到了小阳的进步和成长。在小阳妈妈的坚持与督促下，小阳的数学学习习惯较之以前有很大进步，对数学学习的兴趣提高了。在初二下学期期末考试中，小阳的数学成绩超过了班级中的很多同学。期待小阳在初三能再接再厉，成就更好的自己！

反思与总结

老师与家长的每一次鼓励、每一次表扬，都会化成孩子的一份动力，推着他走向自己的辉煌。

在数学学习的路途上，有些学生的思维之花肆意开放，早已花团锦簇，也有一些学生的思维之花需要耐心浇灌，才能慢慢绽开！

寓教于乐——借助影视作品进行社会主义核心价值观教育的尝试

初中部　客志松

案例描述

小乐可以很熟练地背诵社会主义核心价值观，但对它的理解却较为粗浅，例如，他不懂这些词语的内涵，在学习过程中也不能很好地结合学习资源进行理解。同时，小乐的知识面过窄，课外知识不丰富，这也导致他在理解抽象概念时更为吃力。

小乐父母关心小乐的学习，能够积极配合满足小乐的各种学习需要。但他们认为文科学习就是背知识点，显然，这种观点影响了小乐。小乐父母对小乐的娱乐活动较少干涉，将之作为小乐努力学习的奖励。

通过与小乐及其父母的沟通，我发现小乐对社会主义核心价值观的认识较为粗浅的原因主要是这个年龄段的孩子，其思维上更容易理解直观事物，对于抽象概念的理解还比较困难，更谈不上用核心价值观来指导自己的行为。而且他们的社会阅历也有限，对很多事情的认识也不成熟。小乐父母也未帮助小乐树立正确的学习观和娱乐观。虽然信息时代为孩子增长见识提供了很多便利，但打游戏、看综艺和动漫，对孩子的知识储备和成长的正面作用不明显，父母需要帮助小乐更科学地管理自己的课余时间。此外，唯分数论也导致小乐的父母对孩子价值观、行为习惯的培养重视不够。

家校共育对策及效果

分析了问题的原因之后，我意识到问题的解决需要家校合作形成合力，而合作的前提是互相信任且目标一致。于是，我用微信以文字的方式向小乐父母介绍小乐的学科学习情况。渐渐地，我和他们建立起了初步的信任，沟通也更深入。除了微信沟通外，我还和小乐父母用电话详细沟通了小乐在文科学习上存在的误解和课外知识储备不足的情况，还谈到了小乐对课余时间的安排。

此后，我借助家长会这个面对面沟通的契机，向小乐父母说明现在的学习不再是机械地记忆知识，而是学习能力的培养。与此同时，我也指出了小乐在学习和娱乐方面存在的问题，介绍了影视作品在拓宽知识面和培养核心价值观方面的作用。我为小乐父母提供了一份影视作品的推荐清单，建议他们和小乐在休息娱乐的时候观看感兴趣的影视作品，而不是打游戏、看综艺和动漫。

经过一段时间的摸索和适应，小乐课余时间在网络社交平台闲聊、看动漫的时间少了，已经看了几部与课程背景相关的影视作品，还和我分享了观看心得。例如，他观看了《我和我的祖国》，这部影片第一个部分讲述了工程师们为我国的开国大典设计电动升旗装置的故事。小乐被影片中大家一起攻坚克难的勇气触动，在看到国旗升起时，眼眶湿润，起立敬礼。这部电影从一件小事切入宏大叙事，让小乐的爱国之情变得具体，内化于心，对我们国家成立的意义也有了更深的理解。

反思与总结

立德树人是教育的根本任务，立德是树人的前提，强调了德育在教育中的重要地位。这就需要教育者创新教育方式，充分挖掘学科本身可以提供的德育素材，以更容易为学生所接受的方式渗透价值观教育。

影视作品可以将价值观这种比较抽象的概念具象化，学生可以通过影视中对人物活动和事件发展的演绎，在放松的状态下进入情境，潜移默化地受到思想的熏陶。

正确的陪伴才是最长情的告白

初中部　吴玉萍

案例描述

小亮非常聪慧,调皮好动,擅长球类运动和软笔书法,酷爱阅读。但他在学习上一直不太主动,上课时注意力不集中,缺乏上进心,所以他的成绩一直没有起色。而且他比较自我,集体荣誉感不强。

小亮的家庭条件十分优越,家里有三个孩子,小亮排行老二。小亮爸爸工作忙,很少在家,对小亮缺乏关注和引导。小亮妈妈全职在家照顾三个孩子,她比较重视对小亮的教育和引导,特别希望小亮能变得更加优秀。但是在小亮的教育问题上她还是遇到了挫折,小亮经常反对她提出的建议和想法。

优越的家庭条件让小亮习惯了"饭来张口,衣来伸手",所以他的自主性和主动性比较薄弱。再加上小亮正处于青春期,不喜欢妈妈整日唠叨,所以在家表现得比较叛逆。

家校共育对策及效果

我和小亮妈妈进行了多次电话和微信沟通,结合小亮当下的问题和家庭教育情况,我给出了以下建议:

1.爸爸是家庭的重要成员,在家庭教育中不可或缺,一定要参与到小亮的学习生活中来。

2.妈妈需要改变交流方式,变说为做,少说多做,或者变说为写,将需要小亮改进的地方写给他看,以便提醒他改正。

3.多当众夸奖小亮,并让小亮做家中弟弟或妹妹的榜样,激发他的自豪感和成就感。

4.父母以身作则,要求小亮做到的自己首先做到。

通过家校协作,小亮及其父母都有了很大改变。小亮爸爸抽出时间和小亮一起练习书法。在元旦联欢会中,父子俩用书法作品为全班同学送上了祝福。小亮妈妈也一改过去的唠叨,和小亮一起阅读文学名著,一起写语文老师布置的作文,一起做体育锻炼。一次家长会上,我分享了小亮妈妈的高分作文以及小亮和妈妈一起锻炼的视频,得到了同学和家长的一致好评,小亮也对自己的妈妈刮目相看。从那以后,每次写作小亮都能积极听取妈妈的建议，在体育锻炼中也没有了抱怨。他开始体谅妈妈的不易，积极参与家庭劳动。在班里小亮也积极参与各项活动，集体荣誉感增强了，学习成绩一直持续上升，成了班级甚至是年级里的一匹"黑马"。

反思与总结

1.要学做"镜子"。孩子只有认识自己才能战胜自己，但他们通常只能依据他人的评价来认识自己。这时，父母的评价，即"镜子"的作用就很重要了。所以，父母要学做"镜子"，引导孩子，让孩子在"镜子"中更好地看清自己。

2.要正确地看待陪伴。陪伴很温暖，它意味着这个世界上有人愿意把最美好的东西给你，那就是时间。父母要用正确的方式陪伴孩子，孩子才能理解陪伴的意义和目的。

3.要善于发现和分享。作为班主任的我们，要善于发现孩子的变化以及发生变化的原因，和家长分享好的家庭教育方法，用家长的力量去引导家长，达到事半功倍的效果。在小亮妈妈的影响下，班里很多家长都做出了改变，反思自己的亲子沟通方式，达成更好的家庭教育效果。

走进孩子的内心

初中部　管昊

案例描述

小刚的学习成绩中上，性格温和、内向。初一上学期，小刚各方面的表现都比较突出，但在新冠疫情暴发后，学生长期居家学习网课，小刚开始沉迷于电子产品的使用，学习状态开始变差。复课后，他出现了厌学情绪，经常迟到、请假，且不愿意与父母沟通。

小刚的家庭条件良好，父母都接受过高等教育，工作稳定，为小刚提供了良好的成长环境。小刚是独生子，家中缺少同龄的交流对象，这也是导致小刚性格较为内向的原因之一。

小刚的问题其实很普遍，新冠疫情暴发以来，全校学生都不同程度地出现了类似的现象。长期居家的封闭环境导致孩子与同龄人交流减少，网课又极易让孩子感觉疲劳，同时用来上网课的电子产品还会让孩子开始沉迷于消遣和游戏。重新走入校园后，已经习惯了居家生活的学生会感到不适应，出现一定的"戒断反应"，而小刚内向的性格又进一步加大了这种影响。

通过跟小刚的沟通，我发现他对编程有强烈的兴趣，并将之视为自己未来的职业方向。但由于小刚并未跟父母进行有效的沟通，导致他认为学校的学习影响了他学习编程。此外，小刚还有一门学科不擅长，这让他很有挫败感，影响了学习的积极性。

家校共育对策及效果

我和学部领导一起对小刚进行了家访，向小刚及其父母说明了问题的严重性。在和小刚的单独谈话中，我了解了小刚内心的真实想法，并以此为切入点，帮助小刚认识学校学习的重要性。

了解了小刚的想法和出现问题的原因后，我们给出了如下建议：父母要支持小刚学习编程，同时对小刚基础薄弱的科目进行有针对性的补强，先夯实基础，然后循序渐进地提高小刚的学习能力，增强他的信心。

在我们的帮助下，小刚逐渐走出了低迷状态，恢复了正常的学习生活。他还参加了学校的相关社团，在进一步发展自己的同时感受到了集体生活的快乐。

但是进入初三之后，由于学业压力骤然增大，小刚出现了畏难情绪，又开始频繁地迟到和缺课，不愿与人交流。随着中考的临近，他的父母也越来越焦虑，为了帮助小刚克服困难，我和学部领导与他再次进行了深入沟通，取得了一定的效果，小刚愿意留在学校完成课程的学习，但畏难情绪依然比较重。为了让小刚放松心情，我带他到体育场跑步，小刚渐渐疏解了部分压力。

在初中学段最后的两个月，小刚虽然还偶尔迟到，但每天都能够到学校上课，学习成绩也有了很大的进步。小刚变得越来越自信，中考时，小刚超常发挥，最终考上了自己的理想学校。

反思与总结

关于电子产品的使用，防微杜渐非常重要，孩子一旦沉迷，想要戒掉就非常困难，需要家校协作，共同努力。

在学校教育和家庭教育中，不能一味地使用强迫手段，也不能一味地说教。要找到问题的根源，然后以此为切入点解决问题，方能有更好的效果。处理问题时不能急躁，冰冻三尺非一日之寒，教育工作需要有耐心和恒心。

达成共识，共同成长

高中部　胡玉双

案例描述

小瑞性格直率，说话比较幽默，人缘好。他喜欢绘画，高一开学时就主动要求承担班级的板报工作。小瑞的组织能力比较好，也热衷班级事务，想当班长。在与我的沟通交流中，小瑞能明确地表达自己的理想和目标。但是渐渐地，我发现小瑞有点盲目自信，学习动力不足，对于数学、物理、英语这些学科，不能踏实认真地完成学习任务，成绩不够理想；在班级事务上，他容易受其他同学的影响，不能坚持原则。

小瑞妈妈经常主动与我沟通，我在沟通中发现她对小瑞有很高的期望，当她看到小瑞周末晚上玩游戏，早上不起床，对作业应付了事的时候，心里很焦急。她无法理解，更难以接受小瑞的这些表现。她急于改变孩子的现状，但又找不到好的方法，所以在与小瑞交流时，经常对着他唠叨，亲子关系非常不融洽。

在与小瑞及其父母的沟通中，我还发现小瑞父母平时很少肯定和表扬小瑞，经常以一副过来人的姿态教育、指导孩子，小瑞内心非常抗拒父母给他的这种高高在上的感觉，只能表面服从。小瑞父母无法走入小瑞的内心，对他越来越不了解，焦虑也就越来越深。

家校共育对策及效果

在与小瑞父母的交流中，我首先做一个倾听者，倾听他们的郁闷和焦虑，让他们发泄不良情绪，适当缓解焦虑。

当小瑞父母情绪缓和后，我再和他们沟通，引导他们正确认识"成人"与"成才"的区别，让他们意识到孩子的成绩很重要，拥有一个性格开朗、乐观的孩子更重要。我介绍了小瑞在学校的表现，引导他们发现小瑞的优点，建议他们以不同方式及时肯定孩子，让小瑞从内心深处感受到父母对他的认可。这样，小瑞才能更好地认识自己的问题，进而与父母一起寻求解决问题的方法。我还详细介绍了小瑞的学习情况，以便他们调整期待值，对小瑞有一个理智而合理的期待并建议小瑞的父母和小瑞一起制定一些切实可行的小目标，让小瑞在完成小目标的过程中逐步得到改变和提升。小瑞的理想是当一名飞行员，这个理想从未变过,我建议小瑞父母主动了解飞行员这个职业,这样与小瑞沟通才会有共同话题。另外,我还告诉他们与小瑞沟通时要注意态度和方式,只有内心放松,相互包容,才能有效沟通,家庭氛围才能温馨舒适。

在学校,我也经常与小瑞交流,表扬他的优点,鼓励他积极参加各种活动展示自己,在这个过程中,我能很明显地感受到他的学习主动性提高了。我会不时和小瑞聊聊他的父母,鼓励他主动与父母加强沟通,感受父母对他的关爱。

在后续与小瑞父母的交流中,我发现他们不再只盯着小瑞的学习成绩,焦虑变少了,会跟我分享一些小瑞在家的表现和优点,当小瑞出现问题时不再表现出失望,而是想着如何更好地帮助孩子。慢慢地,小瑞的学习专注度提高了,成绩有了一定的进步,对自己的理想也更加坚定了。

反思与总结

在与家长沟通的过程中,我听到最多的是家长对孩子各种不良表现的反映,还有家长对孩子成长、学习的焦虑。我坚信每个孩子的成长都需要时间。老师不仅是孩子成长的引领者,还是家长的倾听者、引导者,要与家长达成"成人"比"成才"更重要的共识,以发展的眼光看孩子,带领家长一起客观地看待孩子的现在,用积极的策略和方法引领和改变孩子的未来,孩子在成人的路上才会成才。

接纳孩子，鼓励成长

高中部　信旭东

案例描述

小铮软笔书法写得好，玩电竞游戏也非常厉害，听说打进过某个全国比赛的前八名。但小铮的成绩在班级中属于下游水平，人比较懒散，经常拖拉甚至不交作业。他上课经常睡觉，学习态度不认真，字迹潦草，生活习惯也不好，课桌上总是乱七八糟的。

小铮父母对此非常头疼。小铮跟父母的关系很紧张，经常顶撞父母，不和他们交流，放假了就黑白颠倒地打电竞游戏。小铮认为妈妈管教太严，让自己没有自由的空间。他想放弃学习，专门在家打游戏，因为他认为即使以后考大学了，毕业后也要从事电竞行业，还不如抓紧时间早点入行。

家校共育对策及效果

我跟小铮父母进行了沟通，一开始不太顺畅，他们认为小铮已无可救药，因此连家长会都不愿参加。经过我耐心地劝说后，他们总算来了学校，我们得以进行了深入的交流。我了解到小铮父母认为小铮是因为青春期叛逆而迷上了电脑游戏，他们一开始用暴力和强迫来解决问题，砸了小铮的电脑，没收了他的手机，不让他周末逛街，结果激化了矛盾，导致小铮和父母对着干，完全放弃学习。了解情况后，我建议先动员小铮来学校上学，在家里的时候给小铮一点自由的时间和空间让他做自己喜欢的事情，并提前约定好什么时间可以玩，玩多久。小铮和父母达成协议后，我建议双方签署责任书。渐渐地，小铮的状态逐渐开始好转，但他的学习劲头还是不足。

临近高考，有些高校提前招生，小铮跟我说他想报考中国传媒大学，学习与电脑游戏相关的专业，我认为这是一个鼓励他学习的好机会，他的父母虽然一开始不赞同，认为这个专业不主流，但也在我的分析劝解下决定支持小铮报考。小铮对于我们的支持很是意外，他开始为了这个目标而努力，因为很长时间没有系统学习，初期他感到很吃力，但在父母和我的鼓励下坚持了下来。在这个过程中，他们的亲子关系得到了修复，家庭气氛也越来越好。

虽然后来小铮在笔试时出现了失误，与中国传媒大学失之交臂，但是已经鼓起来的士气，足以支撑他到高考。果然，在高考中，他取得了自己入学以来最好的一次成绩，考取了理想的学校，学到了跟兴趣相关的专业。看到小铮既能取得大学学历，又能从事喜欢的职业，我也非常为他高兴。

反思与总结

魏书生曾说过这么一句话："走入学生的心灵世界中去，你就会发现那是一个广阔而又迷人的新天地，许多百思不得其解的教育难题，都会在那里找到答案。"没有家庭教育的学校教育和没有学校教育的家庭教育，都不能承担培养人这个艰巨而复杂的教育工程。因此，我认为与家长合作是班主任工作的关键。同时我们也要拓宽自己的视野，更新自己的观念，认识到现代社会发展的新特点，尊重孩子的选择，为他们提供后盾与支持，让他们在自己喜欢的领域创造自己的新天地。

科学助力，呵护成长

高中部　张会敏

案例描述

小凤是一个勤奋、好强又偏内向的女孩子，初中时她学习一直很用功，以优异的中考成绩进入了高中实验班。面临众多强手，小凤的学习压力很大，加上有些科目的学习遇到了困难，导致她用请假休息的借口来逃避上学。学习成绩的退步，加上与父母沟通不顺利，让小凤觉得父母不理解自己，情绪失控，整日闭门不出。

小凤的成绩不理想让爸爸很着急，爸爸的批评和指责让小凤感觉自己不被理解，和爸爸产生了矛盾。小凤妈妈对于小凤升入高中后的一系列变化感到力不从心，不知如何跟小凤进行有效沟通，更不知道从何处入手帮助小凤。

小凤不够自信，她觉得其他同学很优秀，综合素质很高，而自己与他们之间差距较大，这给她带来了很大的压力，她能想到的疏解压力的方式就是请假休息。面对这种情况，她的父母无计可施。

家校共育对策及效果

针对小凤的问题，我采取了以下对策：

1.制订辅导计划，关注小凤的心理和情绪变化，及时给小凤做心理疏导。

2.与小凤父母沟通，同时联合各位任课老师对小凤进行课业辅导。

3.引导小凤父母正确看待小凤的成绩，结合小凤的实际情况科学地制定学习目标。对于非统考科目，可以适当降低学科目标，不盲目加码，减轻压力，找到帮助小凤的有效途径。

4.和小凤谈心，发现她的优势，帮助她建立自信，找到能让她接受的方式，助力她的成长。例如，请各位任课老师在课上多鼓励她，我也会创造一些机会让她展示自己。她喜欢唱歌，我鼓励她参加合唱比赛，喜欢画画，我就请她帮忙设计班级宣传栏……同时，我还建议小凤父母支持小凤发展兴趣爱好，抽出时间陪小凤一起进行练习。

经过一学期的共同努力，小凤逐渐适应了高中的学习生活，明确了自己的目标，学习状态趋于平稳。小凤父母会积极参加学校组织的一些关于高中阶段如何做好职业规划的讲座，还做了笔记，希望能帮助小凤做好高考选科。小凤妈妈还参与了年级开展的阅读活动，经常利用周末时间和小凤一起阅读，交流心得。小凤感受到了爸爸妈妈无私的爱，学习劲头更足了。

反思与总结

在高中阶段，由于高考的压力，家长无可避免地会更加关注孩子的成绩。当孩子的成绩不理想时，如果一味批评、指责孩子，极易引发亲子矛盾。因此，如何科学分析成绩帮助孩子建立自信，如何与孩子进行有效沟通，如何拉近与孩子的距离……这些都是高中生家长需要关注的。通过家校合作，我们可以根据孩子的个性特点和兴趣爱好，适当创造条件，拉近与他们的距离，挖掘他们的潜能，激发他们的积极意识和进取心，满足他们的求知欲望和需求，最终使他们健康、良性地发展。

第三章

人际关系与适应主题案例

宝贝，不哭

小学部　李金鑫

案例描述

一年级新生入学，小马让我印象深刻。开学第一天小马因为分离焦虑在学校门口拽着妈妈大哭，在我的耐心劝说下才跟我一起走进了教室。第二天早上，学校门口又上演了前一天那一幕，为了不影响其他孩子，我先把他抱回了办公室。

小马妈妈是全职妈妈，一直陪伴小马，各个方面都照顾得很周到。无论是父母，还是家里的老人，都非常宠爱小马。

初次进入小学这个陌生的环境，有些孩子适应能力强，有些孩子适应能力相对较弱，需要更多适应的时间。通过和小马妈妈的交流，我了解到小马的年龄在班里来说相对比较小，有分离焦虑，很难接受和妈妈分别。但据我观察，其实他和妈妈分开以后，也能很快地和同学们一起活动、一起学习。

家校共育对策及效果

为了帮助小马尽快适应新环境，在每天进校后，我请副班主任高老师先带着他去校园里转一转，和他聊聊天，让他熟悉校园环境，稳定一下情绪。每天放学前，我都会表扬并肯定他在学校的表现，并和他约定如果他能坚持每天高高兴兴来上学，周五放学时会给他奖励。同时，我也建议小马妈妈在家多鼓励他，及时和老师反馈小马进校园时的情况。

为了缓解小马的分离焦虑，我还请小马妈妈来学校进行面对面沟通，并给出了一些建议。首先，建议小马妈妈给小马读一些关于上学的绘本，读完以后请他说一说绘本里的小朋友是怎么做的，再说一说自己明天要怎么做；其次，建议小马妈妈在上学的路上和孩子一起回忆绘本内容，鼓励小马像绘本里的小朋友一样开开心心去上学。

在我们的共同努力下，接下来的几天，小马的分离焦虑有了很大的改善。周五放学前，小马得到了我颁发的"小小男子汉"奖。放学时，我看到小马骄傲地向妈妈炫耀他的奖品。接下来的几周，小马每天早上都会高高兴兴来到教室，看到他开心、勇敢、自信的模样，我和小马妈妈都为他的改变而开心。

反思与总结

作为班主任，我们要和家长勤沟通，多交流，指导家长进行家校配合，携手共育。

一年级的孩子天真可爱，对他们来说，绘本教育是一个不错的选择。让家长和孩子一起读绘本，既可以让孩子懂得一些道理，也可以培养他们的阅读能力。

没有爱就没有教育，爱是教育事业的开始和基础。孩子需要老师的爱，只有投入情感，把爱的甘泉洒向他们的心田，孩子获得了心灵上的满足，才会信任老师、热爱老师，与老师产生心灵的碰撞。只要我们用爱心真诚地浇灌身边的每一棵小树苗，相信总有一天他们会长成参天大树。他们在感受恩泽的同时，也会用他们的枝繁叶茂来回赠大地！

一份呵护，一段成长

小学部　刘颖

案例描述

小宝个子不高，热情、善良，喜欢表达，喜欢看书，热爱音乐，弹得一手好吉他，在元旦表演中受到了大家的一致好评。但小宝的学习成绩和体育成绩都不是很理想，自理能力也有待提高，常因桌洞杂乱不堪而受到同学的嘲笑。他想反击那些嘲笑他的同学，但又认为自己个子不高、气势不足，没办法只能放弃。久而久之，小宝变得敏感，有些自卑。有时候，他会把头埋进书包或是桌洞里来逃避，可这种行为又会引发新的嘲笑。更让他困惑的是，他的好朋友有时候也会取笑他。

小宝的家庭氛围宽松有爱，他的父母都是热爱生活的人，喜欢读书，喜欢音乐，对他的学习成绩没有什么要求。当小宝遇到困难的时候，小宝妈妈不会马上帮他解决，而是先让他反思自己的行为，尝试自己解决问题。但这种教育方式让小宝觉得自己没有依靠，不理解妈妈为什么不帮他，变得越来越不自信。

针对小宝的问题，我与心理老师进行了沟通，了解到这是小宝缺乏自信、缺乏安全感的表现。他需要安全感，需要父母、老师和同学的肯定和认同。

家校共育对策及效果

经过分析，我采取了以下对策：首先，与小宝及其父母沟通，详细了解小宝在家的情况；其次，为小宝父母介绍小宝在校的情况，分析小宝出现问题的原因，说明及时干预的重要性；最后，与他们协商适合的帮助小宝的方式，希望通过家校合作帮助小宝重新树立信心。

我与小宝父母共同制订了如下方案：

1.爸爸每天抽时间带小宝做一些体育运动，让小宝增强体魄和信心。

2.妈妈日常可以和小宝多聊聊学校的生活，了解他的需求，并给予及时鼓励和帮助。

3.鼓励小宝继续阅读，并创造机会让他在班级中演奏吉他，让小宝在同学面前展示自己，改变同学对他的印象，得到同伴的认可，增强他的自信心。

一段时间后，小宝变得自信了，遇到问题时他不再把自己的头埋起来。他的桌洞变整齐了,自理能力提高了。在小组合作进行垃圾分类的活动中,小宝还给我带来了许多惊喜,他能积极发表自己的观点,思路清晰,还能主动采访身边的人开展调查,总结垃圾分类的情况,以优异的表现完成了活动。

> **反思与总结**
>
> 　　孩子作为一个家庭的希望,需要我们共同去呵护,去陪伴。当孩子出现问题的时候,我们需要做的是去帮助他,那什么样的帮助才是有效的呢?
> 　　我想这不是单一的学校教育,或者单一的家庭教育能够做到的。只有老师深入家庭,父母深入学校,两者进行有效的沟通,形成合力,才是对孩子最好的帮助。每一个孩子都是一朵美丽的花朵,需要我们共同去呵护他的成长。

乖巧的小男孩

小学部　应聪聪

案例描述

在老师眼中，圆圆乖巧、听话。每节课上，他总是端端正正地坐着，遵守课堂纪律，从不随意说话，也不做和课堂无关的小动作。课间他也不追跑打闹，总能按照老师的要求做好下节课的课前准备。但是圆圆在课堂上也从不主动举手回答问题，课堂作业总是不能按时完成，还经常做错，就像没学过一样，这令我非常担忧。

圆圆的家庭很幸福，爸爸工作忙，没有时间陪他，妈妈工作相对自由轻松，主要负责照看他和他年幼的弟弟。圆圆渴望能得到爸爸妈妈更多的关注，但圆圆妈妈平常需要花费更多的时间和精力照看弟弟，圆圆一放学就自己看电视，如果妈妈让他去看书或学习，他就会抗拒、发脾气。

妈妈对圆圆的关注较少，加之受新冠疫情影响，圆圆大班下学期都是在家里度过的，生活比较自由，没有养成良好的阅读和学习习惯。进入小学后，圆圆觉得不适应，变得腼腆，不敢表达自己的想法。

家校共育对策及效果

在了解了圆圆的具体情况后，我和语文老师一起，把圆圆妈妈约到学校，进行了面对面的沟通。首先，我向圆圆妈妈强调了一年级最重要的就是让孩子快快乐乐地融入小学生活，让他们喜欢上学，对学习产生兴趣。然后，我介绍了圆圆的学习情况以及在校的表现，让圆圆妈妈了解圆圆并没有真正融入小学生活，学习渐渐成为了他的负担，长此以往，圆圆可能会对学习失去兴趣，对于圆圆的这种情况，必须引起重视。圆圆妈妈表示非常认同我们的观点，并愿意全力配合。

针对圆圆当下的问题，我给出了以下几点建议：

1.父母要多关心、陪伴圆圆，主动和他聊聊在学校一天有哪些收获，学习上是否有困难，等等。

2.妈妈每天陪圆圆看会儿书，慢慢减少圆圆看电视的时间。

3.爸爸在工作之余多抽出一些时间带圆圆参加体育运动。

在这次交流之后,圆圆父母意识到了问题的严重性,圆圆妈妈请爷爷奶奶来帮忙照看圆圆的弟弟,自己则花更多时间陪伴圆圆,关心他在校的生活和学习。圆圆爸爸也抽出了更多的时间带着圆圆打球。慢慢地,圆圆变开朗了,对学习开始有信心了,上课偶尔也会举手回答问题,听课效率提高了,作业也有很大进步,课间经常能看到他和同学们一起开心地玩耍。有一次联欢会,圆圆还给大家表演了一段舞蹈。暑假期间,圆圆妈妈反馈圆圆在家主动预习了下学期的学习内容。

反思与总结

每个孩子都想做父母和老师眼中的好孩子,都想要成为一个优秀的人。我们要理解孩子,当他在班里和同学不怎么交流,在课堂上不怎么听得懂,作业做得不那么好的时候,他一定是难过的。搭建家校合作的桥梁,找出背后的原因,帮助孩子解决问题,才能让他们享受学习的过程,体会成长的快乐。

我想交朋友

小学部　胡唯

案例描述

　　小林让我印象深刻的一些片段：上小学的第一天，小林自嘲不在乎别人的眼光，交不到朋友也没关系；拍集体照时，他觉得太幼稚，不愿和大家一起合影，跑回教室值日，认为老师会表扬自己；班级是以小组的形式来排座位的，但小林不想和同学坐一起，想一个人坐，连续几天都把自己的桌子与小组的分开；很多同学来找我告状，说小林乱动别人东西，总是说话，打扰其他同学，小林对此不以为意，声明自己就喜欢一个人，别人不喜欢他也没关系。

　　小林是单亲家庭，他和妈妈一起生活，爸爸周末偶尔来见见他。和小林妈妈沟通后，我了解到小林在幼儿园时期就被小朋友们孤立，几乎没有朋友。小林会主动找小朋友们玩，但总是被老师批评，所以小朋友们也就不和他玩。小林不明白为什么，慢慢地，他习惯了自己一个人玩。

　　通过和小林及小林妈妈的沟通，我了解到因为单亲的家庭环境，小林妈妈下班后的时间和精力都放在他身上，没有自己的社交时间，这也间接影响了小林，他不知道如何交朋友，也不知道如何跟人正常交流。小林的情绪容易失控，他的自我意识比较强，经常因为一点小事情发脾气，甚至哭闹，这也让别人不愿意和他一起玩儿。基于这些情况，小林的同伴关系存在很大问题。

家校共育对策及效果

　　通过观察，我发现小林很容易沟通，会主动帮忙，在意老师的当众表扬，希望得到别人的认可和肯定。因此，在充分了解并分析了小林的问题以及家庭教育情况后，我梳理出了需要沟通的问题、问题产生的原因及如何帮助小林的方案，与小林妈妈进行了面对面的家校沟通。

　　在沟通过程中，我不断修改并完善方案，并约定根据实际情况，每周或每两周沟通一次，以便及时调整方案，更有效地帮助孩子。

　　1.同伴关系方面：引导小林去发现其他同学身上的优点。当发现同学做得不对时，不要先告状，而应制止或劝说。我也鼓励小林给朋友送一些自己手工制作的物品。除此之外，小林妈妈也要有意识地多参加社交活动，比如，周末约球友一起打球和聚餐，同时也带上小林，为他示范如何与朋友交往；也可以约小林朋友的家庭一起出游，为小林增加与同龄人相处的机会。

2.情绪管理方面：当小林情绪失控时，建议小林妈妈稳住自己的情绪，先冷静旁观，等小林的情绪缓和一点再介入。可以表示自己理解他，知道他的感受，然后和小林一起分析情绪失控的原因，和他一起解决问题。

3.纪律的改善：最关键的是要小林对纪律有敬畏感。我建议小林妈妈给小林讲一讲自己小时候遵守纪律得到表扬和违反纪律受到惩罚的经历或故事，唤起小林的同理心，学会正确看待学校和班级的各种纪律和规定。也可以和小林一起读一读有关遵守规则和纪律的绘本，以及《弟子规》《三字经》等国学启蒙读物，以此来潜移默化地影响小林。为了提升小林的纪律意识，我请小林担任纪律组长，帮他调换座位（周围都是自律性强的孩子），当他遵守了纪律时及时给予口头表扬。

经过一段时间的努力，取得了以下教育效果：在人际交往方面，小林说，这学期他交了至少十五个朋友，再也不用违心地说喜欢自己一个人待着了；在情绪管理方面，小林练琴时几乎没有出现过情绪问题，即便是很难的曲目，他也会自己一遍一遍很有耐心地练习，在学校也不会情绪失控；在纪律方面，做了纪律小组长后，小林在课堂中不再乱说话、随便离开座位，会开始帮我管理班内纪律。

反思与总结

因为小林家庭的特殊原因，我会换位思考去理解小林妈妈的感受，体谅她的辛苦，所以在很多问题上容易与小林妈妈达成共识，形成教育合力。小林和妈妈的关系一直很好，在这个基础上，当妈妈做出改变时，小林也愿意配合，形成了良性互动。

用爱唤起自信

小学部　李晶

案例描述

小宇是个性格内向的女生，平时不愿意跟同学们打交道，不爱说话，面对老师的提问也总是低头小声回答。小宇的学习习惯不太好，上课听讲不认真，容易走神，作业也不能及时、认真地完成。各科老师对她不够了解，关注不多，久而久之，她觉得自己这也不行，那也不如别人，非常没有自信，心理承受能力也比较弱。

小宇来自单亲家庭，她的妈妈平时非常忙，经常出差，她上下学都是由姥爷接送。姥爷已经七十多岁，他只能负责小宇的日常生活起居，无法给小宇进行学习辅导，等妈妈下班到家，小宇通常已经上床睡觉了。

家校共育对策及效果

了解了小宇的问题和她的家庭教育情况后，我决定采取以下对策：

首先，激励教育，唤起信心。每个学生都是有进步要求的，都希望别人认为自己是一个好学生。我在课余时间经常有意无意地找小宇聊天，上课时从不公开点名批评她，发现她有所进步时会及时表扬她。各科老师也经常鼓励、帮助她，让她感受到老师们的关爱。

其次，树立信心，激起动力。对单亲家庭的孩子来说，缺乏自信的最直接表现就是没有安全感，性格敏感。我在班里告诉孩子们每个人都有自己的优缺点，别人的优点我们要学习，别人的缺点我们也要用包容的心去接纳，并帮助他改正。在我的带领下，孩子们都愿意帮助小宇，和她做朋友。

最后，家校沟通，促进自信。我经常与小宇妈妈联系，详细地介绍小宇在校的表现，分析小宇出现问题的原因。我建议小宇妈妈多给小宇提供一些表现自己的机会。如让小宇做一些力所能及的事，不管小宇干什么，只要发现进步就马上夸奖她。

现在，小宇妈妈下班回家会挤出时间和小宇一起学习，教她学习方法。除此之外，小宇妈妈还教给小宇一些基本的生活技能，比如，整理衣服、扫地、擦桌子等。到了周末，小宇妈妈会带小宇去爬山，磨炼意志力的同时也让小宇学会如何正确跟别人交往。

通过家校的共同努力,小宇现在有了很大的变化,她性格开朗了,上课能专心听讲,敢于举手发言且声音响亮,学习成绩也在不断提高。下课能主动与同学交往、做游戏,愿意参加各种活动。小宇妈妈还反映小宇在家会主动学习,主动帮家长做些家务,还喜欢和妈妈、姥爷分享自己的学校生活。

反思与总结

孩子容易因为缺乏自信而自卑。对于那些自信心不足的学生,我们要给予他们更多的关爱,让他们相信"我能行""我是最棒的"。小宇的改变,让我更加意识到爱的力量有多么强大。

小小少年长大了

小学部　刘立旭

案例描述

小文个子小小的，坐在教室的第一排。他很有正义感，每当班级里有同学发生矛盾，他都会在旁边主持正义，或者跑来向我告状。小文喜欢黏着我，有一次课间，他趴在我的耳边说："我交不到好朋友。"这让我既心疼又惊讶，小文怎么会交不到好朋友呢？

小文的家庭条件优渥，小文爸爸工作比较忙，平时是小文妈妈照顾孩子。妈妈很宠小文，对他的照顾也比较周到。

通过对小文及其家庭的了解，我分析出小文交不到好朋友的原因：一是小文年纪较小，心理成熟较晚，和同学们相处时缺乏共同语言；二是小文被父母保护得太好，他们很少为小文创造与同伴共处的机会，所以他不知道如何与同龄人沟通和交往，缺乏解决同伴交往问题的经验与能力。

家校共育对策及效果

在了解了小文以及他的同伴交往问题后，我和小文妈妈进行了面对面沟通。首先，我向小文妈妈介绍了小文在学校里与同学相处时的表现，让小文妈妈直观、全面地了解小文的同伴交往问题。其次，我表达了对于这一问题的一些想法和思考，希望能和小文妈妈一起努力帮助小文与同伴建立良好关系。小文妈妈和我的想法有很多一致的地方，我们的沟通非常顺畅，也有一定的效果。

在和小文妈妈的沟通过程中，我们一起商定了几个办法：

1.放学后或者周末多带小文和班里同学一起玩耍，小文妈妈陪在一旁，帮助小文增进他与同学之间的相互了解。

2.为小文创造更多的同伴交往机会，如一起参加活动，方便孩子们深入地沟通、了解。

3.家长每天与小文聊一聊他的同学和班级里发生的事，帮助他解决同伴交往过程中遇到的问题。

小文妈妈按照我们商定的办法进行了尝试。每天放学后，小文妈妈会带着小文和班里的同学一起去学校东门的小花园玩一会儿,和同学们接触久了,小文开始融入其中,还和小迪成为了好朋友。暑假时,小文妈妈和小迪妈妈一起给他俩报了一个夏令营活动,他俩整天一起玩耍,巩固了友谊,还认识了很多校外的朋友。

反思与总结

孩子的发展应该是身体、心理、智力等各个方面的发展,老师要关注孩子全面成长的需求,不能只是过多地关注智力的发展。在孩子遇到问题的时候,老师应该意识到家校是一个共同体,如果家长和老师的要求不一致,不但学校的教育效果会受到影响,也不利于孩子学习社会行为规范和锻炼人际交往能力。只有家校联手,才能更好地促进学生全面发展。

我渴望撑一支长篙,向青草更青处漫溯,帮助学生更好地成长,让他们满载一船星辉,在星辉斑斓里放歌;我也期望我的教育事业有一天能像翡翠一样慢慢浮出地面,开出一片茂密的森林。

不要忽视老师眼中的"好学生"

小学部　许家铭

案例描述

成成的学习成绩名列前茅，日常的行为规范、学习习惯都无可挑剔。但成成有个问题，就是性格比较"闷"。上课的时候他端端正正，下课除了上厕所、喝水、洗手之外，大部分时间他都是自己一个人晃悠，不知道应该如何与同学交往。

成成的两代长辈都是从事教育行业的，爷爷奶奶曾经是老师，爸爸也是老师。我和他们沟通得很顺畅，也感受到了他们的彬彬有礼，成成在这种环境里成长，家教确实很好。我了解到，他们很早就用学校管理学生的经验来教导成成，比如严格要求成成水杯一定要放在哪里，要怎么放，一丝一毫的差错都不行，等等。

总身处于这种严格要求的环境，成成变得有些"闷"。这种"闷"在低年级是让我省心的，可是我担心的是，如果放任不管，到高年级，成成这种"闷"就会演变为不会与人沟通，最终产生一定的心理问题。

家校共育对策及效果

借着课间和午休时间，我多次找成成谈心，建议他多和同学一起玩耍，我能感觉到他的渴望，但迟迟未见他付诸行动。

我和成成爸爸沟通，介绍了成成在校的表现和存在的同伴交往问题，商议并共同制定了对策。在学校，我勤和成成沟通，经常传递同伴交往的好处，并和成成约定，课间找一到两位同学聊天或游戏，如果连续一周都做到的话，我有神秘礼物给他。在家里，成成爸爸和成成约定每一到两天结识一位新朋友，回家讲述他们一起说了什么，做了什么，连续几天都做到的话可以得到什么奖励，等等。另外，我建议成成父母在课余或周末带成成和同学一起玩耍，在此过程中不要苛求成成的表现，多鼓励他。

除此之外，我还和成成的爷爷奶奶沟通，做他们的思想工作，告诉他们家庭氛围可以尽量轻松一些，建议他们对成成适当放松一些要求，因为不管成人还是孩子，都做不到事事完美。

一段时间后，成成逐渐融入了班集体，他先是尝试和同桌聊天，和同桌一起玩，慢慢地开始和临近座位的同学交往，我经常能听见他和同学玩闹的声音。

反思与总结

成成克服了心理障碍，愈发随和，经常告诉我，他又和谁一起玩儿了，家长也肯定了他的进步，我的心终于踏实了。

每个孩子的成长过程都不是一帆风顺的，每个孩子所面对的问题也不尽相同，因此，这也愈发体现出因材施教的重要性。我们不能忽视我们所认为的"好学生"，不要想当然认为他们没有缺点。多给予孩子一些关爱，他们才能茁壮成长！

心心相系

小学部　苏淋涛

案例描述

小征天生腿部带有残疾，因而他很不自信，甚至有些怯懦。在班里他的朋友很少，时常自己一个人呆呆地坐在座位上。

小征的家庭条件优渥，他的父母都忙着经营自己的公司，陪伴小征的时间相对较少。小征的日常生活由姥爷照管，姥爷是一名军人，对小征的管理非常严格。孩子的成长需要家人的陪伴，这样孩子才能拥有足够的安全感。在这种严格却又缺少父母关爱的环境下，缺乏安全感的小征变得极度不自信。

家校共育对策及效果

小学阶段是人的行为、性格和智力迅速发展的关键时期。在这一阶段，由于身心变化较快，加之文化知识及社会经验的不足，孩子容易出现心理问题。所以，要通过家校合作来帮助孩子排除认知、情感、意志等方面的障碍，优化他们的素质，最终使他们形成良好的品格和健康的心理。

因此，在充分了解了小征的问题以及他的家庭教育情况后，我将收集到的所有材料进行了详细整理，然后将小征父母请到学校，就小征的心理状态与他们进行面对面的家校沟通。

首先，我以数据的形式向小征父母展示最近小征在学校参与活动的情况以及和同学们沟通的情况，以此来引起小征父母的重视。

其次，向小征父母说明小征在不同情境中可能会出现的心理问题和行为倾向，表明我会通过谈心等方式深入了解小征，帮他解决烦恼。我还强调家校合作的作用，例如，我们可以一起鼓励小征积极参与丰富多彩、生动有趣的课外活动，如主题班会、演讲、故事会、诗歌朗诵会、学科兴趣小组活动、少先队活动及各种形式的文娱体育活动等，让小征体验其中的乐趣，增强他的自信心。

同时，我也建议小征父母多抽出时间来和小征共同完成各项活动任务，并给出了以下几条建议：

1.用一颗爱他的心去陪伴他,让小征感受到父母和他的心是系在一起的。

2.用一颗理解的心去感化他的情绪,让他知道父母懂他。

3.用一颗恒心去包容他,对他不要太严格,多鼓励他勇敢表达。

除此之外,我和小征姥爷也进行了沟通,建议姥爷适当放松一些对小征的要求,让小征多一些休闲的时间,不要只注重学习成绩,也要培养他的品德、个性、交往能力和行为规范。

之后,我又多次联系小征父母,共同探讨培养小征自信心的办法,并逐一去尝试。经过一段时间的努力,小征变得自信多了。在一次年级活动上,小征勇敢登上舞台,成功完成了活动的主持任务,收获了热烈的掌声。

反思与总结

小征的案例给了我一次宝贵的经验,那就是一定要细心地关注每个孩子的心理健康,定期和家长沟通,如果家长的教育存在误区,在和家长聊天时就能及时发现并指正。虽然辛苦些,但为了能让孩子健康成长,是很值得做的一件事情。

老师是孩子成长路上的明灯,是啊,老师是灯,照亮孩子前方脚下的路,要想让这灯持续地为孩子保驾护航,需要家长的配合与帮助。重视家校合作,让祖国的花骨朵们茁壮成长!

家校携手，让孩子健康成长

小学部　孙婷婷

案例描述

小浩很敏感，总是疑神疑鬼的，行为也有点过激，不管是谁，也不管在什么场合，只要是他想要的，别人就得让着他，否则他就会大哭大闹，动用武力。更麻烦的是，他会回家告状说是别人先欺负他，他是受害者。

小浩是独生子，小浩妈妈生他时已经四十多岁了，所以他的家人对他百依百顺，非常溺爱。他的家人几乎每天都会到学校外面的椅子上坐着，就怕他在学校不如意，这样能在第一时间帮助他。久而久之，小浩变得越来越霸道，也越来越以自我为中心。

小浩会变成这样，既有他自身的原因，也跟他的家庭教育有很大的关系。每次小浩在学校出了问题，他的父母总是把责任推给别人。过度娇惯、溺爱孩子，让他长期生活在一个被过度保护的密室里，这是导致小浩过度依赖父母，爱用武力解决问题，不知道如何正确地与同伴交往的原因。

家校共育对策及效果

为了能取得较好的沟通效果，我决定去小浩家家访。据我了解，小浩父母不是好沟通的人，所以在交谈过程中，我特别注意自己的语言艺术。首先，我介绍了小浩的学习情况，并告诉他们小浩学习比较用功，思维能力比较强等。接下来，我就转入正题向他们介绍小浩在校的行为表现，引导他们正确认识小浩性格上的不足，让他们意识到这样不利于小浩健康成长。最后，我给出了一些具体建议：

1.平时，让小浩做一些力所能及的家务，并及时给予表扬和鼓励。

2.让小浩多和小区里的朋友玩耍，引导他学会主动帮助别人，学会如何正确地和同伴交往，学习用正确的方式处理同伴间的冲突。

3.学会放手，给小浩尝试的机会，不要事事包办。

4.在和别人分享东西时，尝试让小浩当"最后一人"，让他学会等待和忍让。

家校共育收到了一定的效果，小浩的过激行为得到了控制，自控能力有所提高，与同学的关系有了明显的改善。小浩父母也认识到自己平时在教育上的误区,小浩妈妈经常给我打电话,了解小浩在学校的表现,和我请教教育小浩的方法,她还专门到学校陪读了一天,了解小浩的情况,以便有针对性地教育孩子。

> **反思与总结**
>
> 　　与家长的沟通是需要语言艺术的,除了让家长感受到老师的诚意之外,在介绍孩子问题时要先说孩子的优点,再针对孩子不足的地方提出具体建议,这样的沟通才容易打动家长,达成共识。另外,我们还要学会换位思考,站在家长的角度看问题、分析问题,再解决问题。
>
> 　　在今后的工作中,我会继续努力学习,多了解,多沟通,争取使家校合作发挥最大的作用。

你本来就很好

小学部　任洁

案例描述

朗朗有着极好的学习习惯，学习表现突出，还拥有很多才能：会打架子鼓，会做PPT，还是科学创作达人。令人意外的是，朗朗从不在学校开口说话，但在家人面前他和其他孩子一样开朗、健谈、活泼好动。

朗朗的家庭氛围融洽、和睦，充满书香气，他的父母都很通情达理。在父母的影响下，他喜欢阅读，上知天文，下知地理，也很喜欢和弟弟打打闹闹、大声欢笑。

通过和朗朗爸爸的沟通，我了解到朗朗在幼儿园时就出现了这样的问题，一开始朗朗父母不知道他在幼儿园不说话，直到换了老师，新老师联系他们才知道。由于之前的老师离职，朗朗不说话的原因已难以了解，当务之急是让朗朗打开心扉，开口说话。几经周折，朗朗父母和幼儿园老师想了很多办法，可是朗朗却像被封印了一样，在幼儿园再也没有说过一个字。在小学里，我和朗朗父母也在不断地努力，但是他仍然一直沉默。

家校共育对策及效果

针对朗朗的问题，我决定采取以下对策：

1.构建没有距离和隔阂的家校联系，我和朗朗父母随时保持沟通，在鼓励朗朗的同时，也不断地鼓励朗朗父母，给予他们信心。

2.与专业的心理医生沟通，一起探讨朗朗这种"选择性缄默"的应对策略和建议。

对于朗朗的情况，我们都不能操之过急，我坚信家校合作的力量能帮助朗朗。朗朗在学校不说话，在家里却可以正常交流，所以我和朗朗及他的父母约定，用录制视频的方式来和我交流。每天晚上，朗朗父母都会按约定把朗朗读语文、英语课文的视频发给我，我会及时反馈意见。我发的反馈意见，他们也都会给朗朗看。朗朗在视频中的表现，我也会分享给班级同学。我们一直坚信，只要坚持不懈，在正向的评价触动下，朗朗的心门终有一天会主动打开。

经过一段时间的努力，我发现朗朗会在课间奔跑玩闹了，虽然他还是没有开口和我们说话,但却用了另一种方式与班里的老师、同学们交流。他有一个大本子,里面写满了他以老师、同学为主角,根据班里发生的事情而创作的故事。大家都很喜欢用这种方式和他交流,他也乐此不疲地创作着。

反思与总结

我和朗朗父母一起努力了三年,虽然朗朗还是选择性地保持沉默,不愿意打开心门像对待他的家人那样和我们交流,但是我能感觉到在家长、老师和同学们的帮助下,他也发生了巨大的变化。现在,朗朗已经是一名初中生了,他的爸爸发信息告诉我,郎朗很快适应了初中的学习和生活,状态和表现都非常好。虽然他还是不在学校说话,但是整个人都更加自信、开朗了。看到这些,我既欣喜又感动,我始终相信,朗朗一定会在某个时刻给我们惊喜,而那一刻,就在不远的未来……我们会一直等待并期待着!

寻找一个支点，让孩子撬动自信人生

小学部　刘建军

案例描述

小田比较腼腆，在学习上非常努力，我们都很喜欢他，但他的脸上却很少洋溢自信的神情。他的语言表达能力不是很强，课上回答问题总会紧张到脸红。在小组学习时，面对成绩更优秀的同学，他总是不敢坚持自己的想法。

小田的家庭条件不错，爸爸事业有成，妈妈全职照顾小田和他刚两岁的弟弟。小田妈妈性格温柔，待人热情，对小田的学习非常上心，对他的期望也较高，为他报了不少课外班。小田酷爱昆虫，家里摆放着很多不同种类的昆虫标本，还时常会养一些昆虫。小田疼爱弟弟，也体谅妈妈的辛苦，经常主动帮助妈妈照顾弟弟。

经过与小田及其父母的反复沟通，我发现小田的自信心不足是因为小田以爸爸为榜样，爸爸忙于工作，小田想通过努力学习获得爸爸的关注，但他的学习表现并没有自己期望中的那么出类拔萃，所以小田很受打击。妈妈照顾兄弟二人，精力有限，与小田的深度交流较少，且她较高的期望值也给小田带来了一定的心理压力。除此之外，小田在昆虫研究方面所表现出来的热情没有得到父母的重视，小田很难在这项兴趣爱好中找到更多自信。

家校共育对策及效果

为了增强小田的自信心，在与小田父母沟通时，我主要从三个方面出发。首先，客观地反映小田在校的表现。其次，和小田父母一起分析小田自信心不足的原因。最后，与小田父母一起寻找解决方法。

在对小田的情况有了全面了解之后，我提出了以下几点建议：

1.充分肯定小田的努力，不能仅凭成绩来衡量孩子的优秀与否，要多鼓励、多沟通。

2.和小田一起寻找成绩难以进一步提升的原因。小田爸爸要抽出时间参与到小田的日常学习辅导中来，每周至少两次陪伴小田做家庭作业。

3.支持并鼓励小田的兴趣爱好，家校配合，给小田展示自己特长与爱好的平台。我邀请小田参与班级"小咖讲堂"的活动，讲一讲自己与昆虫的故事，以他对昆虫研究的热爱为支点,撬动他对学习、生活的热爱。

在与小田父母深入沟通之后,小田爸爸开始努力保证每周两次的作业陪伴,小田妈妈也时常与小田谈心,他们都不再只盯着成绩看,而是更多地关注小田努力的过程,帮助小田提高学习效率。在"小咖讲堂"中,小田为大家分享了几种兜虫的习性及外貌特征,以及自己与昆虫的故事。由于反响很好,很多同学向他询问有关兜虫饲养方面的问题,他还为大家写了一份图文并茂的兜虫饲养手册。另外,他创作的一首诗《考试卷的心事》发表在了《中国校园文学》杂志上。经过这些事,小田的自信心得到了很大程度的提升。

反思与总结

自信对于孩子一生的发展至关重要,要从小培养。在培养孩子自信心的过程中,仅仅依靠学校的力量是远远不够的,因为孩子的不自信,与家庭环境的影响也是密不可分的。只有家校合作,共同帮助孩子寻找一个支点,才能撬动他对学习与生活的热爱,进而变得越来越自信。

双向奔赴　静待花开
人大附中北京经济技术开发区学校家校共育案例集

家校共筑爱的同心圆

小学部　黎薇

案例描述

小石总是对着同学们瞪眼，说话也扯着大嗓门，经常跟同学闹矛盾，对班级氛围的营造产生了极大的消极影响。不仅如此，每当我批评他时，他还总是理直气壮地说："我没错！谁让他先惹我的！"实际上，每次都是他先不遵守规则，同学好心提醒他，他不愿意承认才会如此。

一天，又有同学来告诉我，小石打人了！了解了事情的来龙去脉之后，我问他："你为什么要动手打同学呢？"他瞪大眼睛，愤愤地回答："同学惹我，我就得狠狠地打他。"我接着问："为什么会这样想呢，能跟老师说说吗？"他说："在家里，只要我不听话了，爸爸就会打我，打得比这可狠多了！"说着他还比画起来。我意识到，解决小石易怒和冲动问题的关键也许就在小石爸爸那里。

我找到小石妈妈了解情况，的确如小石所说，小石爸爸经常采用"棍棒教育"的方式对待孩子，只不过小石的父母也没想到这种教育方式会直接影响到小石的行为。

家校共育对策及效果

一番沟通后，小石妈妈也意识到了问题的严重性，迫不及待要与我见面沟通，于是我决定进行一次"突击"家访。我向小石妈妈传递了正确的家教理念：父母是孩子最亲近的人，也是孩子的第一任老师，父母对孩子的言传身教直接影响着孩子的一言一行。尤其是男孩子，爸爸的形象在他们心中是伟岸强大的，爸爸的行为也是极易被他们模仿的。小石在家习惯被打，以致他遇到事情首先想到的也是用暴力解决，这非常不利于孩子人际交往能力的发展。

我的话似乎触动到了她，我们达成了共识：要想改变小石不良的行为习惯，就要从小石爸爸入手！在小石妈妈的劝说下，小石爸爸也意识到了问题的严重性，开始有意识地转变自己的行为。

渐渐地，我从小石口中得到了我想要的反馈。如小石告诉我："昨天我跟爸爸妈妈说我在学校犯错了,我爸居然没打我!还抱了抱我呢……还有上次,他特意周末没加班,带我去了游乐场呢!"我还发现来告小石状的同学少了。和同学有了矛盾,小石会先来找我解决,而不是先动手了。

反思与总结

作为小石的班主任,我做的不仅是让他少挨几次打,更多的是提醒家长对自己教育的反思,帮助他们为小石营造一个乐观积极的家庭成长环境。

在教育孩子这条路上,我们和家长携手同行,彼此应该充分尊重与信任。没有家庭教育的学校教育和没有学校教育的家庭教育,都不可能独自完成培养孩子成才的使命。教育是家校之间美好的相遇,这场相遇,必将温暖孩子们的成长之路。

春风已来,静待花开。教育是慢的艺术,静待花开的过程中,虽有苦恼、艰辛,但收获更多的是孩子的成长与变化带给我的惊喜。我期待着小石一天天地转变,我也相信:家校手牵手,情怀心连心,在家长和老师的配合下,每一个孩子都能收获为他们量身打造的专属教育。

"毛"是"飞毛腿"的"毛"

小学部　齐美山

案例描述

开学以来,毛毛的名字始终萦绕在我的耳旁,原因就是无论上课还是下课,班里很多同学都会来向我告他的状。毛毛精力充沛、好动、运动能力强,在与其他同学发生意见分歧或者冲突时,喜欢动手打人。当我出面调解时,他也很难听取我的建议,坚持认为自己没错,而且他只会抓着别人的错处不放,看不到别人的优点。

由于家中老人生病,再加上工作繁忙,毛毛父母每天早出晚归,毛毛一岁多就开始上幼儿园。毛毛父母觉得自己亏欠了孩子,放松了对毛毛的教育,又因为对毛毛的问题缺少正确的引导,导致毛毛非常任性且以自我为中心,养成了很多不良的习惯。入学后,看到毛毛的各种问题,毛毛妈妈确实感受到了问题的严重性,虽然努力帮毛毛改正,但效果不佳。

我一直留心观察毛毛的一言一行,分析他行为背后的原因。我发现毛毛行为中表现出来的任性是因为他缺乏安全感。

家校共育对策及效果

我通过家访的方式与毛毛父母就毛毛现阶段的成长现象进行了一次深入的分析与探讨。毛毛妈妈先向我说明了她观察到的毛毛的问题,自己的应对策略和方法以及为什么这些策略和方法不见成效的困惑。我结合毛毛的家庭成长环境、成长轨迹与孩子的心理发展规律,对毛毛的行为进行了分析,介绍了学校的做法,明确指出孩子的健康成长需要家庭教育和学校教育形成合力。比如,毛毛在学校遇到问题时,我会耐心地沟通与交流,让他感受到我对他的关注与关爱。我发现毛毛爱读绘本,于是我不断给他推荐一些经典的绘本,让他带回家与父母一起阅读,并提前和他的父母沟通,获得他们的支持与配合,用绘本故事中的人和事来引导和教育毛毛,既培养了毛毛的阅读习惯,又增进了他们的亲子感情。我还给出了一些家教建议,尤其是建议毛毛爸爸要参与到毛毛的教育中来。

渐渐地,我发现毛毛确实有了很大的变化,能和同学一起友善地玩耍,脸上也增添了很多笑容。同学们都说,毛毛的"毛"不再是"毛毛躁躁"的"毛"了,而是进步成了"飞毛腿"的"毛"!毛毛的朋友越来越多,他自己也越来越自信。一个学期下来,毛毛已经完全适应了学校生活,我们班也收获了一个小暖男。

反思与总结

每个孩子都有自己的个性特点,成长过程中会出现各种各样的问题。因此我们要了解孩子的真实想法,因人而异,因材施教,通过尊重与关爱去寻找最佳的教育方式。

苏霍姆林斯基曾说过:"儿童只有在这样的条件下才能实现和谐的、全面的发展,就是两个教育者——学校和家庭,不仅要行动一致,要向儿童提出同样的要求,而且要志同道合,抱着一致的信念,始终从同样的原则出发,无论在教学的目的、过程还是手段上,都不要发生分歧。"因而,家庭与学校的合作,家长有效配合学校对孩子进行教育,关系到学校育人环境的全面改善,也直接决定着教育的效果。我始终相信,只有家校合力才会助力孩子的健康成长与全面发展。

"四大魔王"变形记

小学部　李芃妍

案例描述

轩轩、童童、阳阳、培培是四个从小一起长大的好朋友,他们的性格都非常豪爽、开朗,在体能、力量方面有突出表现,体育是他们的强项。令我头疼的是,他们喜欢打闹,常用武力解决问题,刚开学的第一个月,我听得最多的一句话就是:"李老师,'四大魔王'又打起来了!"

这四个孩子友谊深厚,他们的父母之间的感情也十分要好。轩轩和培培家是双职工家庭,家庭条件不错,他俩被父母委托给托管班,由托管班老师负责接送和课业辅导。童童和阳阳的学习生活主要由他们的妈妈全职负责。通过沟通,我发现这四个家庭中,爸爸们的性格都很豪爽,妈妈们也都很温婉。可是每当孩子们不好好学习,妈妈们就会控制不住自己的脾气,动手打骂孩子,爸爸们也都支持妈妈们的做法,有时还会"男女混合双打"。每当这四个孩子之间或他们和同学发生矛盾时,爸爸们总会哈哈一笑,称这是男孩子之间的玩闹不必在意,虽然妈妈们知道这样不对,会让孩子们跟对方道歉,但难以从根源上说服爸爸和孩子们。而且四个孩子打完后很快就会重归于好,因而更难引起家长们的重视。我看出,这四个孩子习惯性动手打人,主要是受他们父母行为的影响。

家校共育对策及效果

我将收集到的这四个孩子动手打人的材料进行了详细整理,并将八位家长一同请到了学校,和四个孩子一起进行了面对面的沟通。

首先,我对四个孩子动手打人的问题进行了集中反馈,也给孩子们辩解的机会,让他们明白即使是事出有因、自己占理也不能动手打人。其次,我给孩子们及他们的父母详细地分析了动手打人的行为对同学、对孩子自己的影响。最后,在征得家长们的同意后,当着孩子们的面,一起分析家长们平日的做法哪些是对的,哪些是错的,从根本上解决问题。

经过商讨,家长们和孩子们决定一起做出改变:

1.家长们要冷静、理性地看待问题,多和孩子沟通,不再打孩子。

2.遇到问题或发生矛盾时,孩子们要多问问自己"有没有更好的解决办法"。

除此之外，我也在班级中开展了"好朋友改造计划"活动，不仅为这四个孩子专门设计评比表，还请班级中的所有同学做裁判，每天放学时给他们投票，超过半数投票就在他们的评比表上画一颗星。

经过此次面对面的沟通，爸爸们更多地参与到了孩子们的教育中来，尤其关注孩子们人际交往能力的发展，经常询问他们和朋友的交往情况。爸爸们也更重视亲子沟通，主动了解孩子们的真实想法。四个孩子之间的摩擦变少了，在班里动手打人的次数也大大减少了，期待他们今后有更多的改变。

反思与总结

不以恶小而为之，不以善小而不为。作为老师和家长，一定不能忽视孩子的行为所带来的深远影响。孩子的小毛病多，究其原因，与家长的"他还是个孩子"的错误认知有莫大的关系。我们只有成为孩子的良师益友，才能帮助孩子。

用心呵护，静等花开

小学部　杨秋艳

案例描述

小军是一个很调皮的孩子，平时不爱讲话，对学习没有什么兴趣，自控能力也较差，时常与同伴发生冲突。他想和谁玩儿，就跑过去踢人家一脚，以此引起人家的注意；想要什么东西就一定要得到，如果别人不给就会上手抢。

小军的家庭条件优越，爸爸平时工作忙，出差是家常便饭。妈妈的工作地点离家较远，且经常加班，小军从小就跟着爷爷奶奶生活。他们对这个唯一的孙子比较溺爱，不管小军的要求是否合理，只要孩子开口，总是有求必应。爷爷去世后，奶奶把小军当作自己的生活重心，对他更加百依百顺。

小军父母忙于工作，平时对孩子的陪伴与关注太少，再加上祖辈的溺爱，小军养成了为所欲为、以自我为中心的性格。

家校共育对策及效果

在充分了解小军的问题以及他的家庭教育情况后，我请小军的父母和奶奶一起来学校进行面对面的家校沟通。

首先，我向他们展示我所收集整理的材料，以此证明由于小军自控力较弱，违反学校纪律的次数较多，已经引起了班上很多学生家长的不满。

其次，明确指出家长无原则地溺爱孩子对于孩子成长的危害，建议家长用正确的方式教育孩子。

针对小军的问题，我给出了一些具体的建议：

1.父母一定要参与到小军的成长教育过程中来，再忙也要抽时间询问小军的学习与生活。

2.小军惹祸不断，是他寻求关注的一种方式，家长一定要进行正确引导。

3.可以借助亲子阅读，用故事引导小军用正确的方式和同伴友好相处。

4.当奶奶出现溺爱小军的行为时，父母要及时制止并多与奶奶沟通，肯定奶奶的用心并指出溺爱小军的后果，与奶奶达成教育共识。

在这次沟通之后,小军的家长做出了一些改变。小军爸爸尽量减少了出差的次数,小军妈妈也抽出更多时间陪小军一起学习,阅读生动有趣的绘本故事。他们即使不能按时下班回家,也会跟小军视频。奶奶不再一味地溺爱小军,正确认识了宠与爱的区别。当小军有进步时,他们及时鼓励表扬他,当小军控制不住动手打人时,他们也抓住契机,正确引导和教育小军应该如何与同伴相处,如何正确解决问题。作为班主任的我,也静下心来与小军一起读没有说教、没有斥责的绘本故事,将规则意识潜移默化地传递给小军。小军渐渐有了规则意识,与大家的交往也越来越和谐了。

反思与总结

尊重每一位学生,以人为本,是对每一个老师的基本要求。我们教育的对象是活生生的人,那么教育的过程就必须是充满人情味的心灵交融,敞开心扉与家长沟通,给出具体明确的指导,让家长在教育孩子的问题上不再迷茫,明白该怎么配合去做。

作为班主任,要时刻关注孩子,解决他们遇到的困难。看到小军身上的点滴变化,更加让我坚信:有一些花,是春季开放的;有一些花,必须等到秋天或冬天。不管哪一个季节,它终归是会开花的!小军的转变再一次证明了教育需要的是用心地关注,耐心地等待,需要的是潜滋暗长与潜移默化。

关注孩子，相信孩子，帮助孩子

小学部　马正正

案例描述

小开学习时非常认真仔细，写字的时候总是坐得笔直，字也写得很端正；他非常贴心，看到同学汤洒了会主动拿纸巾擦地，吃完午饭拖地时会主动帮我洗拖把。但小开也有一些令人头疼的问题，例如，在椅子上坐不住，给同学起外号，总是喊同学去卫生间玩闹，尿朋友裤子上，爱㖭手指，喜欢告状，有时拿笔尖捅同桌，上课跟同学发生矛盾，等。

小开是双职工家庭的孩子，奶奶负责接送他。小开父母虽然工作忙，但对小开尽心尽责，会严格要求小开，关注他的校园生活并积极配合老师的工作。但随着弟弟的出生，这一年来小开父母对他的关注度有所下降。

通过对小开的日常观察与分析，我认为他可能有轻微的多动症，在椅子上坐不住、爱挤眼睛等是比较明显的症状；再者，小开一系列令人头疼的行为可能是为了博取同学、老师以及家长的关注，他不懂得与同学相处的正确方式，以为起外号、告状等是很好玩的事情。

家校共育对策及效果

家校的有效沟通体现在一次次和家长分享孩子的学校生活以及近期状态。在与家长交流时，我一般不会一上来就说孩子的缺点，更多的是分享他在哪些方面有了进步，哪些方面需要改进以及哪些方面需要家长配合。老师要做孩子与家长之间的润滑剂而不是导火索。

针对小开的问题，我采取了以下做法：

1.关于小开的多动，我只跟小开父母提及了他坐不住、爱挤眼睛的现象，未提及多动症。小开父母可能也有这方面的担忧，带小开去医院做了检查，证实小开确实有轻微的多动症，小开得到了及时的治疗和心理辅导。

2.关于起外号，我跟小开妈妈商定：只要他能做到一天、一周、一个月不给同学起外号，就给他相应的奖励。我在学校负责表扬与反馈，妈妈在家负责观察、询问与奖励。

3.关于拿笔尖捅人，小开父母带着小开给对方诚恳道歉，并让他认识到用笔尖捅人会造成伤害,教育他不能再有类似的事情发生。

经过一年的努力,现在小开不多动、不嘬手指、不起外号、不伤害别人,也不怎么告状了。虽然过程中他又出现了其他小问题,但在老师、同学及家长的帮助下,知错就改,现在已经是一名优秀的小学生了。

反思与总结

我们要关注孩子、相信孩子、帮助孩子。不能只看孩子的学习,还要关注他们的日常,只有了解孩子、走进孩子的内心,孩子才会把老师当作朋友,吐露自己的心声。孩子表现出来的行为或问题都是有原因的,我们要相信孩子可以改正。

家长要相信老师、配合老师、合作共育,只有这样,孩子才能更快、更稳地成长。

家校共育需要发现问题、正视问题、解决问题。孩子在成长过程中会走许多弯路,家校共育能更及时地发现并将其引向正轨。我们不能忽视任何一个小问题,但也不能过于重视一个小问题,要正视问题并将其解决,在我们的帮助下,相信孩子会越来越优秀。

润物细无声的陪伴

初中部　李伟

案例描述

小艾是一个可爱的女孩，她体形有点胖，喜欢穿粉粉的纱裙。她学习态度认真，爱好音乐、绘画，梦想成为一名服装设计师。但她经常独来独往，与同学沟通较少，也因为体形的原因，害怕受到其他同学的嘲笑，显得不自信。

小艾父母年龄比较大，她还有一个大她十岁的哥哥。平时，小艾在家也比较喜欢独处。小艾爱吃零食，再加上她的父母日常没有控制她的饮食，导致她的体形偏胖。

通过观察，我发现小艾内心并不自卑，只是因为与哥哥的年龄差距较大，与家人的共同话题不多，使她慢慢喜欢独处。同时，由于体形偏胖，她在同龄人面前显得自信心不足。

家校共育对策及效果

通过我的日常观察与分析，我判断小艾的心态是非常积极的，只是缺少坚持锻炼的决心和毅力，主动与同龄人沟通的意愿不强。为了了解小艾的特长、在家的表现以及小艾父母的家教理念，尽可能为小艾提供展示平台，增强她的信心，帮助小艾父母构建适合的陪伴式教育，我与小艾妈妈进行了沟通，并确定了以下方案：

1.在校内多关注小艾，及时肯定小艾的学业态度及努力，适时让小艾担任班干部，增强小艾的自信心。

2.建议小艾父母控制小艾的饮食，并监督她加强体育锻炼，让小艾认识到过胖会影响身体健康，改善体形势在必行。建议父母陪小艾一起运动，培养她的毅力。

3.增强家校沟通，及时与小艾父母沟通小艾的变化情况，肯定小艾的努力与进步，让小艾发自内心地主动改善体形问题。

除此之外，只要课间有时间，我就会陪小艾一起跑步。一学期的陪伴逐渐有了效果，从刚开始的第一圈小艾自己跑，第二圈我带着跑，第三圈我拉着跑或推着跑，到现在小艾不再需要帮助就能自己跟随班级同学一起跑完三圈，体能确实有所提高。

针对部分同学对小艾体形的关注，在我与他们沟通后，他们都诚恳地向小艾道歉。老师的关爱和同学的尊重也让小艾更加正视了自己的体形问题。

平时在班级里,我也多次夸奖小艾,比如值日认真、学习成绩优秀等。慢慢地,我发现小艾开始融入集体生活,主动跟同学们交流自己的爱好,课堂发言增加了,也会主动进办公室请教老师问题。有一次班级集体活动,小艾精心准备了服装及鞋子,积极展示了自己的特长,她的表演落落大方,能看得出来小艾越来越自信了。

反思与总结

明确孩子的困境,细化家校协作,润物细无声的陪伴,能帮助孩子建立对家长及老师的信任,孩子能从中获得坚持的力量。

老师的及时反馈能协助家长更深入地了解孩子内心的需求,家校的亲密协作共同促进孩子的身心健康成长。

勇于改变的力量

初中部　吴玉萍

案例描述

小军外表帅气，在绘画和科技方面很有天赋，曾荣获多个奖项。初一新生军训时，我发现小军和我了解到的不太一样，他看起来有些忧郁和胆怯。军训结束回归课堂后，我进一步发现小军上课时眼神涣散，回答问题时很紧张，在班级活动中也从来不敢主动表现自己，看起来非常不自信。

小军的家庭条件优越，小军爸爸工作繁忙，对小军的关注较少。小军小的时候，妈妈忙于工作把他交给保姆带，和他的交流也少，所以他极度缺乏安全感，没有自信。小军进入青春期后，仍然没有得到父母的及时鼓励和引导，他变得更加否定自己，很抵触在大庭广众中发言，尤其是在人多的时候会更加恐惧和慌乱。小军妈妈意识到问题后，辞掉工作全心照顾小军，希望自己的陪伴能让小军的问题得到改善。

家校共育对策及效果

在充分了解了小军的问题后，我和小军妈妈通过电话、微信等方式进行了多次深入的探讨。我将小军在校的表现如实反馈给小军妈妈，以便她更好地了解小军的真实情况。

针对小军的问题，我给出了以下建议：

1.即使小军爸爸工作再忙，也要参与到小军的教育中来，多关注他的学习和心理状态，多鼓励他。

2.小军由保姆带大，没有和父母形成良好的亲子依恋关系，在教育他的过程中父母一定要把握好尺度，不能过于直接，也不能急于求成。

3.多鼓励小军参与学校活动和家庭活动，并为他提供表现的机会，让他能在擅长的领域充分展示自己的才华，重拾信心。

家校多次沟通后，小军父母做出了很大改变。小军爸爸主动参与了小军的学习与生活，在上网课期间，和小军一起参加了家校交流会，会后还主动和他探讨问题。小军爸爸还发现了小军在书法上的进步，并及时表扬和肯定了他的努力。小军妈妈加强了和我的沟通,每周都会及时反馈小军在家的表现,更加关注小军的学习生活,这让小军感受到了父母的关爱。小军也发生了巨大的变化,他主动参与很多集体活动,在班牌设计、元旦板报设计以及篮球比赛中表现突出,得到了同学和老师的夸赞。小军脸上经常挂着笑容,更加自信了,学习成绩也有了很大提升。

反思与总结

每个孩子都希望别人认为自己是一个好孩子。《学习的革命》一书中有这样一句话:"如果一个孩子生活在鼓励中,他就学会了自信;如果一个孩子生活在认可之中,他就学会了自爱。"因此,尊重孩子是教育的关键,也是最好的沟通方式。

我们要及时有效地处理家长反馈的信息,要能抓住重要契机,做家长和孩子沟通的桥梁。只有孩子认为你是真正关心他,他才会敞开心扉,我们才能帮助孩子尽快解决问题。在小军的案例中,我一边关心着孩子,创造机会改善孩子的问题,帮助孩子进步;一边给家长出主意、想办法,安抚家长的急躁情绪。通过家校协作,老师和家长共同帮助和引导孩子,在润物细无声中让孩子收获了自信和快乐,家庭矛盾也就迎刃而解了。

平和、理解，重建沟通桥梁

初中部　孔馨宁

案例描述

　　小尹性格开朗，善于社交，乐于表达自己的情绪和想法，在班级里有很好的人缘。新冠疫情期间居家上网课影响了学习氛围，小尹在手机上浪费了大量的时间和精力，学习成绩也受到了影响。

　　小尹父母都很注重小尹的学习，愿意尊重孩子的兴趣爱好，也乐于和孩子进行沟通。平时在家里，主要由妈妈照管小尹的学习、生活。但小尹在青春期及网课的双重影响下发生了比较大的变化，他不再愿意服从妈妈的管教，在妈妈指出他的问题并要求他加以改正时，他不愿意承认，并表现得比较烦躁。他的情绪也影响了妈妈。为了更好地帮助小尹摆脱困境，妈妈为他制订了学习计划和奖罚机制，希望通过这种方式帮助他保持原有的学习习惯。但小尹会用各种方法试图夺回自己在学习安排上的话语权，妈妈越是干预，小尹越是有逆反心理。平时，小尹妈妈也会积极地与我沟通小尹在家的表现，与老师们讨论教育方案。虽然小尹妈妈有方法也有耐心，但是对于小尹的学习状态仍然比较焦虑，她的焦虑也渗透在与小尹的沟通中。

　　通过平时的观察，我发现小尹有着青春期孩子共有的特点，情绪容易激动，更加在意自己的感受。他有很好的批判思维能力，在课堂上能积极思考、参与讨论，渴望同学们为他贴上"最强大脑"的标签，表现在言行中，就是他会反复强调自己能轻松掌握所学知识，静不下心来练习与复习。为了维持自己的人设，在日常学习中，他表现出学校作业应付做的状态，课外花大量时间盲目找解题诀窍来提升自己。这极大地影响了小尹的成绩和良好学习习惯的养成。

家校共育对策及效果

　　了解了小尹的情况，并与小尹及他的父母进一步沟通后，我认为问题解决的关键是双方放平心态后重建沟通桥梁。我的对策是：

　　1.帮助小尹妈妈调节情绪，让她能够冷静地面对孩子在青春期的状态。同时，帮助小尹妈妈客观看待小尹的性格特点，思考适合的亲子沟通方式。

　　2.利用微信、电话等方式和小尹保持联系，详细了解他的近况，以及他对于自己的学习成绩的看法。通过沟通,我发现小尹已经认识到了自己的问题,但他习惯了放松自己,状态还未调整过来。

接下来,我又采取了以下做法:

1.对小尹父母,一方面,与他们分享青春期孩子的普遍状态,帮助他们科学看待小尹目前出现的问题,缓解焦虑;另一方面,分享小尹在学习上的表现,使他们能更有针对性地调整教育方式。同时,我也积极肯定了小尹妈妈对小尹学习上的合理规划,以及在家庭教育中的可行举措,帮助他们建立信心,为家校合作的长期稳定奠定基础。

2.对小尹,和他一起反思他的学习表现,制订近期学习计划,并定期和他一起复盘、调整,再制订下一阶段的学习计划。同时,我也引导他回顾父母对他的教导,缓解他们的亲子矛盾,鼓励他理性看待父母的建议,让他感受到父母的付出与爱。

在共同努力下,小尹的家庭紧张关系有所缓解,我能感觉到小尹在情绪上更稳定了一些。

反思与总结

长期的亲子相处难免会产生冲突。面对紧张的亲子关系,作为老师应该积极发挥调节器的作用,双向调整,帮助他们平和心态,让他们互相理解、包容,重建沟通的桥梁,从而让家庭的功能更好地运转。

做解放自己的智性教师

初中部　刘姣娜

案例描述

小婷小学时学习成绩优异,她希望自己进入初中后能和小学一样优秀。但事与愿违,她的学习状态比较差,又因为平时疏于身体锻炼,身体素质不好,经常生病。进入青春期后,小婷对手机产生了严重依赖,还经常情绪低落,她觉得自己出现了心理问题。

每一个孩子都是一个独立有个性的复杂体,这句话用在小婷身上很贴切。在国防教育实践活动中,小婷给我的印象是"一个能言善辩的懒孩子"。其他同学都刻苦训练,只有小婷和另外一个孩子偷懒。一般情况下,偷懒被老师发现都会紧张、担心,但是小婷却逻辑清晰地狡辩,甚至还包庇了另外一个和她一样偷懒的孩子。

小婷来自单亲家庭,她爸爸工作较忙,与小婷沟通的时间较少,有关学习、生活的事情都是小婷自己独立解决。小婷爸爸的教育理念是尊重孩子的行为,培养孩子独立自主的能力。在他看来,初中教育也没那么重要,生病请假不会对学习有什么影响。他认为小婷能独立自主地处理好所有事情,不希望老师干涉他对孩子的教育。

通过平时的观察,我发现小婷表面看起来很坚强、独立,但内心却是脆弱、敏感、倔强的。小婷出现问题的根源可能是她过早地承担了超出年龄与能力的大事小情,而小婷爸爸对学校和老师的不信任,阻碍了家校沟通的顺利进行。

家校共育对策及效果

改变小婷爸爸的想法、建立家校的紧密联系需要一个循序渐进的过程,当务之急是让小婷尽快适应初中的学习节奏,信任新老师。我和教数学的杨老师讨论了如何改变小婷的学习状态,增强她的学习信心。小婷思维敏捷,数学成绩较好,杨老师便邀请小婷担任了数学课代表。我也不断跟小婷讨论在初中如何学习,有哪些学习方法,并且及时向小婷爸爸反馈小婷在学习活动中的优秀表现。

我在与小婷爸爸沟通时,先认可他的教育理念,以此拉近彼此的距离。接下来,以小婷出现的问题为例,和小婷爸爸商讨解决方法,例如针对小婷对手机的严重依赖,不仅要有科学的管理方法,还需要小婷爸爸以身作则,带小婷一起运动,丰富她的兴趣爱好,同时强身健体。与他达成共识后,再一起分析父母陪伴的重要性,建议小婷爸爸参与到小婷的教育中来,多给小婷一些关注、肯定与支持。

经过家校间的不断联系与沟通,小婷爸爸做出了一些改变,他开始积极关注家校交流群的信息,会抽出时间带小婷一起读书、锻炼,会经常和小婷沟通,询问她的学习生活情况。小婷的情况也有所好转,她更开朗、更有信心了,学习状态更好了,学习成绩也有所提高。

反思与总结

教育不能愚化孩子,而应当激发孩子智性能力的成长。这一年半的经历对我来说是一次"解放自己的智性教师"的修炼。教育真的不是把孩子限制在统一的教育模块里,孩子不是流水线上的产品,不能用同样的教育方式去对待每一个孩子。

面对每一个孩子发起的"挑战",我们都要解放自己的思想与行为,分析他们的语言与行为背后的原因。我们更要与家长建立紧密的家校联系,唯有这样才能真正地尊重孩子的个性,挖掘其潜力,解放自己,做一个智性教师!

无为而无不为

初中部　邵帅

案例描述

小美是一个性格内向的女孩，对人温柔且易相处，不娇气，自律性强，做事有条理，各方面的表现也都一直很出色，是大家公认的尖子生。小美的优秀背后是有原因的。除了小美自己的努力外，还因为她有一对负责的父母。尽管小美父母工作忙，但他们对小美的成长十分关注、用心且负责。因为小美的膝盖做了手术，她有一个多月的时间没来学校上课，又逢寒假，这段时间小美迷上了玩手机游戏、看综艺节目，导致她做作业不再认真，预习功课只为看完不求看懂，钢琴练习不求质量只求练过。在这种情况下，返校后小美能顺利适应新学期的学习和生活吗？

家校共育对策及效果

小美因病长期未到校学习，如何在较短时间内重新适应校园的学习与生活？就这个问题，我和小美妈妈进行了沟通，并达成了共识：

1.生活方面：术后小美不能参加各类运动，要帮助小美梳理好各种注意事项，提前准备。

2.人际方面：短时间内，小美走路可能不太顺畅，她也许会在意同学对她的关注。小美妈妈负责做好心理疏导，我在班级里安排简单的欢迎仪式，并安排几位女生关注小美的情况，在需要的时候帮助她。

3.学习方面：尽管小美在病假期间一直自学，但跟在学校学习的效果肯定还是存在差距。小美妈妈嘱咐小美主动和老师、同学请教，我提前与各位任课老师打好招呼，并抽出时间关注小美返校后的表现。

关于小美迷上玩手机游戏的问题，小美妈妈和我分享了她们商议后的约定：小美每天可以玩半小时的游戏。开始时，小美爸爸和她组队天天一起玩，后来因为爸爸工作忙，玩游戏的频率由每天玩变成了一个月玩一次，慢慢地，她对手机游戏失去了兴趣，只在闲暇时偶尔玩一下益智类小游戏。

关于看综艺节目的问题，小美父母和小美约定只在每周五晚上看，并且是全家一起看,由于栏目有吸引力且有家庭互动,这个习惯也就保留了下来。

在家校的共同努力下,小美平稳度过了术后适应期,很快融入了学校生活,而且变得更加理性、更加有韧劲。

反思与总结

小美并不是让大家头疼的孩子,她坚毅、自律,但这并不意味着她不需要老师和家长的悉心关注。小美的家庭教育的核心,在于顺势而为——看似"无为",实则背后有大智慧。手机等电子产品的使用问题一向为家长们所头疼,但在小美的家里,这件事似乎不是事儿,轻轻松松就解决了,折射出小美的家庭氛围是宽松有度、富有弹性的。这不仅要求家长时刻跟随孩子成长的步伐,敞开怀抱接受在新时代中成长起来的孩子,更要如小美妈妈一般判断孩子的个性与类型,顺应规律,因材施教。

看似"无为"的家庭教育,实则饱含了父母为儿女计划长远的智慧和润物细无声的关爱。

家校合作是花开的养料

初中部　李海丰

案例描述

小华积极进取、学习成绩非常优异,也有着极强的好胜心。小华还多才多艺,舞蹈、演唱、绘画等都是她的拿手好戏。但小华从不参加学校举办的各种活动,至于班级活动,她也是非必要不参加。

小华父母非常关注小华的成长,尤其是学习方面。小华爸爸认为只要小华学习成绩优异,她不愿意做的事情便不勉强。但小华妈妈除了要求学习成绩优异之外,还希望小华能全面发展。

小华不愿意参加学校活动的原因,主要有两个:一是担心参加校园活动会浪费学习时间,影响学习成绩;二是小华好胜心极强,担心在活动中表现不好,无法获得肯定和表扬,因而望而生怯。

家校共育对策及效果

在充分了解了小华的问题以及她的家庭教育情况后,我将收集到的所有材料进行了详细整理,并邀请小华妈妈来学校深入沟通。我先肯定小华的在校表现及各项能力,接着,向小华妈妈展示我所收集整理的材料,并指出小华存在的问题。

针对小华当下的问题,我采取了以下对策:

1.鼓励小华参加学校或班级活动,促进其全面发展。

2.建议父母鼓励小华多尝试,并强调即使失败也没什么大不了,减轻小华的心理负担。

为此,我有意将国旗下的演讲任务派给小华。我提前与小华父母沟通了此事,建议他们鼓励小华接下这个演讲任务,起初,小华妈妈认为可以给小华施加一点压力,促进其成长,小华爸爸认为要不要接这个任务,由小华自己决定就好。我向小华父母强调了参加学校及班级各种活动对孩子全面发展的重要作用,建议他们鼓励小华多尝试,并重点强调无须任何事情都追求成功,即使失败也没有什么大不了的。

在我和小华父母的鼓励下,小华接下了这次国旗下的演讲任务,并圆满地完成了。此后,小华燃起了参加学校及班级各种活动的兴趣,得到了我和同学们的肯定和表扬。

反思与总结

有些学习成绩优秀的孩子,可能只专注于学习,经常对班级、学校活动不闻不问,也常因竞争而压力较大。对于这类学生,我们应该更注重他们的心理健康教育,培养他们的集体意识。

作为班主任,我们要积极与家长保持沟通,明确指出学校教育需要家校关系的赋能,家庭和学校是教育的同盟军、资源库、能量源。

我们和家长通力合作,建立平等、互助、共育、双赢的合作关系,携手共行,取长补短,才能深化家校合作,凝聚育人合力,让孩子们更好地成长,最终达到"家校共育,共促学生成长"的目的。我们用真诚赢得家长的信任,家长积极配合,这样的家校合作,才是花开的养料。

尊重个性，冲破枷锁，走进内心

高中部　祝硕

案例描述

小文休学一年后进入了我的班级，这是她读高中的第四年了。小文对于自己感兴趣的东西才有学习的动力，因而她自学了日语、唱歌等，成绩斐然，已经跟动漫公司签约了。但小文患有重度抑郁症加多动症，有时不能正常地上课、学习，当小文在课堂上因病理性发困无法集中精力认真听课时，只要一想起父母对她的厚望，她就会变得情绪激动。她越是想要向好，情绪起伏就越大。小文渴望被关注，又害怕接触陌生人，基本不与同学交流，我能感觉到她的压力和孤独无助。

小文爸爸毕业于国内顶尖大学，他对小文寄予厚望。小文生活在这种压力下，从小学开始，就出现了人际交往、性格等方面的问题。七年级之前是由妈妈监管小文的学习，但中考前小文与妈妈闹翻了，于是由爸爸接手她的学习和生活。我跟小文爸爸沟通时，他谈的不是小文休学一年后回到校园如何重新适应的问题，而是表扬小文很聪明，要让小文的高考成绩至少达到重点本科的录取分数线。

家校共育对策及效果

在充分了解了小文的在校表现及她的家庭状况后，我知道要想成功帮助小文，必须先改变小文父母的想法，让他们认识到良好的身心状态才是一切的前提。为此，我先向小文父母介绍北京市的高考情况，希望他们了解清楚后再帮助小文制订一个适合她的发展目标及计划。

我和小文及其父母进行了深入的沟通。首先，我就小文的身心状态和父母的期待这对矛盾展开，明确提出只有孩子的健康有保障，未来才可期。接着，我和他们一起分析我提前整理好的北京市近三年的高考录取情况，用数据告诉他们可以放平心态，小文上本科是没问题的。最后，我建议小文父母多和小文交流学校里的趣事，邀请小文一起运动，让她放松情绪。

在人际交往方面，我计划启用年级导师制加班主任双陪同制度，对小文做到既不过度关注，又时刻在关心。我邀请温柔细致的于老师做小文的导师，我也会时不时布置一些小任务让小文完成，以便让她知道我在关注她。

在我们的长期沟通和关注下，小文从最初的不适应变得有朝气，开始乐意上学。她开始信任我和于老师，每个课间都会来和我们说会儿话，和我们分享她的事情，还会主动帮我们做些事情。她的学习效率也开始提高，上课能专心听讲，专注的时长可以从十分钟延长到半小时。小文还主动分享了她录制的日文歌，用她自己的话说，她从一个"郁闷孩子"变成了"元气战士"。小文爸爸也不再只关心小文的学习，他会抽出时间给小文做美食，陪小文健身。在当年的高考中，小文以超过本科录取分数线几十分的成绩被北京一所高校录取。

反思与总结

苏联教育家苏霍姆林斯基说过："如果没有整个社会首先是家庭的高度教育素养，那么不管老师付出多大的努力，都收不到完美的效果。"作为班主任，我切身体会到家校共育对一个孩子的成长是多么重要。孩子出现的一系列问题，除了生理疾病外，更多的是来自家长的高期望。家长没有意识到问题所在，或不知道怎样缓解孩子的焦虑时，我们的及时出现尤为重要。

在陪伴孩子成长的过程中，我们以专业的知识和丰富的经验与家长交流教育心得，为家长和孩子提出及时有效的建议。解放了家长、清晰了边界，这样才能呈现蒸蒸日上的教育胜景！

压岁钱引发的失踪风波

高中部　高从容

案例描述

三月里一个星期六的深夜，我被电话吵醒。电话是晓峰爸爸打过来的，他一连问了我好几个问题："您知道今天晓峰的美术课是几点下课的吗？您那里有晓峰同学的电话吗？今天晓峰去画室没有？同学最后看见他是什么时候？"

我赶紧和班里其他同学联系，孩子们都说晓峰来上课了，没发现有什么异常，当天下午五点钟下课他就走了。我又让和晓峰关系比较好的班长给晓峰打电话，可班长回复说对方不接电话。晓峰爸爸说，他也一直在打电话，可是晓峰就是不接。我也打了一个，但语音提示对方已经关机。

班里一个孩子给我发来微信说："老师，晓峰是不是因为没买成手机而离家出走啊？他曾说要用压岁钱买新手机，但他父母好像不同意。"我把这个猜测告诉了晓峰爸爸，并对他说："既然晓峰不接电话，您就发个微信，告诉他关于压岁钱和手机的事情可以回家好好商量。"我又给班长布置了一个任务：给晓峰发微信，描述一下他家人和同学如何担心他，希望他早点回家和家人好好谈谈。我也给晓峰留言："手机事小，亲情事大，有话好好说。"

家校共育对策及效果

星期天上午，晓峰爸爸给我打电话说找到晓峰了，我建议他们把父子之间的心结解开，再让晓峰来上学。

周一一大早，晓峰爸爸陪着晓峰来学校，但我发现他们父子二人根本没有和解。晓峰爸爸抱怨晓峰越大越不听话，晓峰则扭头不语，两人无法沟通。于是，我建议晓峰爸爸先回去，我来和晓峰聊聊，并和晓峰爸爸约定放学后和他面谈。

晓峰爸爸一走，晓峰就对我说，他想用压岁钱买手机，结果钱被他爸爸没收了，他一赌气就跑到同学家躲了起来。听他说完后，我让他把对爸爸的不满逐条写出来。

看完晓峰写的各种不满，我发现晓峰控诉的主要是爸爸的脾气暴躁，独断专行，不尊重孩子的意愿。晓峰屡次想跟他沟通，但总是无法顺利进行。于是我问他："你的这些不满,你爸爸知道吗?"他摇了摇头。我问:"为什么不跟他说呢?"他说:"我爸爸不会听的,他从来不会听我说什么想法,他也不在乎。"我再问:"那你试过把你的想法写下来让你爸爸看看吗?"他摇摇头。我说:"把你的想法写下来,拿给你爸爸看看。我也会请他把他的想法写给你。"我给晓峰爸爸打电话说了我的想法,他同意试试看。

我借这次机会,开展了"沟通从心开始"的主题班会来对孩子们进行心理教育,教他们如何与亲近的人沟通交流。我带领孩子们玩了一个小游戏——撕纸。不许说话、不许看别人怎么做,只听从口令:拿张A4纸,先对折一次再对折一次,然后撕下一个角,最后把纸展开。大家发现,展开后每个人手上的纸都不一样。

在总结环节,我告诉孩子们:"每个人对指令的理解各不相同,于是出现了结果的偏差。要解决问题,就应该相互理解交流,而不是用离家出走等方式切断联系,更不能拿亲情做要挟。当你和父母出现意见分歧,可以把你的想法写下来给父母看。换一种沟通方式,可能会有意料不到的收获。"

这次风波后,晓峰和爸爸终于不再闹情绪,愉快地协商解决了压岁钱的支配问题。班里没人嘲笑晓峰的离家出走,也没人仿效他的离家出走,相反,他们经常把换位思考挂在嘴边。

反思与总结

当孩子与父母发生矛盾时,可以建议父母与孩子换一种沟通方式,如将想法写下来给对方看,促成相互理解。我们还可以抓住教育契机,因势利导使教育效益最大化,如开展主题班会扩大教育效果。

唯有爱可以"融化冰墙"

高中部　张妍

案例描述

小宇是一个热情、有想法的男生，但在纪律方面十分令我头痛，我经常收到对他的投诉，如带手机入校，住校时在各个寝室乱窜，熬夜打游戏影响他人的学习与生活，内务混乱影响寝室美观与卫生，早操迟到，上课睡觉或者聊天影响其他同学学习等。为了解决小宇的问题，我采用了以下做法：了解到他喜欢体育，我帮他做了职业规划，鼓励他战胜自己的惰性；了解到他想当班干部，我耐心地指导他参加班干部竞选，激励他约束自己的行为。但这些做法都没有奏效，小宇依然我行我素，对我的努力视而不见。

小宇爸爸工作很忙，对他的关注很少，小宇妈妈愿意配合老师，但她的精力主要放在小宇妹妹身上，很多时候有心无力。他们对小宇有些无可奈何，教育态度是只要他不惹出大麻烦，就随他去。我深知，必须找一个合适的契机与小宇的父母面对面深谈。

家校共育对策及效果

面对小宇的我行我素和肆无忌惮，我决定调整策略。就在这时，小宇卷进了一起涉及校园欺凌的事件。小宇和班里一名女生因为一些琐事发生了口角后，伙同班里另一名男生不断找这个女生的麻烦，辱骂她，给她取带有侮辱性的外号等，导致这个女生忍无可忍，情绪崩溃，不愿上学。

小宇和那位男生都受到了处分。直到这时，小宇才意识到违反校纪校规真的会受到处罚，老师以前不是管不了他，只是一直在给他机会。我和小宇就这个事件进行了深入沟通，明确表示不会把他赶出学校，以此减轻他的心理压力。同时，我也告诉他我依然会帮助他成就更好的自己。小宇接受了学校的处理结果，认真地写下了悔过书和承诺书，向女生道了歉，也向我道了歉。这一次，我从小宇眼里看到了一些真诚。我也意识到，管理这类"问题学生"时，既要春风化雨感化心灵，也要铁面无私坚守原则。

在和小宇父母的沟通中，我借这件事情让他们认识到放任孩子的错误行为会带来严重的后果。青春期是孩子成长的关键时期，如果不及时采取有效手段遏制歪风邪气，孩子有可能会走上歧途。我建议他们多花些时间和精力关注小宇的学习与生活，多和小宇交流谈心，及时采取措施纠正小宇的错误行为，并肯定他的一些优点，让他感受与人为善带来的快乐。

此后，我对班级整体风气进行了正向引导，大力表扬和肯定每一个孩子的进步。对于小宇，我没有过度关注他，但会让他知道我的关心。慢慢地，小宇因为表现好得到了同学和我的肯定与表扬，感受到了尊重与荣誉感，逐渐融入了集体。同时，我和小宇父母保持密切的沟通，及时向他们反馈小宇的在校表现，分享小宇的进步，增强小宇父母的教育信心。在老师们的耐心指导和父母的严格管教下，小宇的学习状态有所好转。

反思与总结

短短一学期，我深刻感受到了班主任工作的艰辛，用自己的血肉之躯与孩子们斗智斗勇，用自己的炽热情感与心灵对话，唯有勇敢可以一往无前，唯有爱可以"融化冰墙"。

在教育的过程中，家庭一定是不可忽视的一部分。我们不仅要得到家长的配合，还要和家长分享科学的教育方法。宽容或者严格，只是管教的手段，最重要的是用纯粹的爱打通心灵沟通的渠道。正如刘彭芝校长所言，爱是教育的最高境界，爱是自然流溢的奉献。用爱陪伴、共同成长。

给予孩子高质量的爱

高中部　苏秋云

案例描述

明明父母在单位从事管理工作，非常爱孩子，对明明的期望值很高，也清晰地规划了明明的成长路径。明明从小就很听话，基本上是按照父母的期望来发展和成长的。升入高中后，明明父母依然在各方面都想帮明明做决定，比如明明想自己选课，父母非要插手，双方各执己见，互不退让。明明的父母说了一些气话，双方起了争执，他们以为让明明冷静几天就好了，结果明明在学校能和老师、同学正常交流，回到家却经常反锁房门，很少和父母交流。明明父母无计可施，请我帮助协调亲子关系。我敏感地意识到问题在于明明父母。

家校共育对策及效果

我和明明进行了坦诚而深入的交流，传达了他父母的苦恼和请求，也想听听明明的想法。明明认为父母管得太多，不能尊重和理解他的真实想法，太过强势；还认为父母把他当成了工具人，唯有沉默以示反抗。我安慰明明说："问题在于你的父母，我会和他们沟通，让他们尝试改变。同时你也要相信父母是很爱你的，父母和你沟通，你要耐心听，并说出自己的真实想法。"

我请来了明明父母，开门见山指出问题所在：孩子是学习和成长的主人，父母不能忽略孩子的感受，事事都代替孩子做决定，要耐心倾听孩子的想法，帮助他分析，协助他做决定。父母可以在情感上做"加法"，在管理上做"减法"。我的建议如下：

1.和明明进行一次真诚而深入的交流，认真倾听、接纳和尊重孩子的真实想法。

2.要学会调整管理方法，逐步放手让明明自己选择和做决策。

3.做好后勤服务，让明明感受到父母的用心，助力明明发展自己的能力和才华。

4.经常表达自己的爱和关心，明明有了进步时要及时给予肯定与表扬。

明明父母随后和明明进行了促膝交流，承认自己以前太过专制，并保证以后会适当放手，尊重和支持明明的决定，给明明适度的自由空间。明明在后来的学习与生活中慢慢感受到了父母对他的尊重与支持，情绪逐渐缓和，学习积极性和专注度提高了，家庭关系也逐渐和谐,恢复了以往的欢笑和轻松。

> **反思与总结**
>
> 　　每个孩子都是独立的个体,一切要从孩子出发,了解孩子,才能助力他们成长。尤其是步入中学后,孩子的自我意识更加强烈,迫切希望老师和家长能尊重和理解他们的想法。家长要承认孩子的主体地位,将自己放到与孩子平等的位置,适当放手给予孩子选择和决定的权利,经常向孩子表达爱和关心,用耐心、理解和科学的方法指导孩子的成长,必要时给予孩子帮助和支持,让孩子最终克服困难取得成功。这样,孩子在成长的过程中,内心会更加美好而强大,积极向上而不张扬,心态平和而有思想,对他人、社会、自然都将形成强大的正能量场。
>
> 　　父母的爱是孩子成长道路上最重要的营养之一,家长既要爱孩子,更要用适合的方式爱孩子。给予孩子高质量的爱,尊重、了解、理解、支持孩子,才能让爱化作无穷的力量,像灯塔点亮孩子前进的道路,像风帆鼓满奋进的动力,最终抵达成功的彼岸。

第四章

心理行为调适主题案例

特别的你

小学部　李金鑫

案例描述

开学第一天，我在班里发现了一个特别的孩子小东。他的眼神一直是游离的，不跟同学说话，在座位上坐不住，偶尔还会大声尖叫。我跟他说话，他要不沉默，要不就说："不……知……道……"他是一个字一个字地往外蹦，不会说完整连贯的句子。我和小东交流时，请他看着我的眼睛，但是他无法做到，甚至连三秒钟都坚持不了。我担心小东有语言障碍、交流障碍、学习障碍等，觉得他需要去医院进行系统的检查。

在班里，我会给小东多一些关注和帮助，鼓励他表达自己的想法，告诉他我想和他成为好朋友，和他一起看书、一起玩。

家校共育对策及效果

我把小东父母约到学校进行面对面的沟通，介绍了小东在学校的表现。小东妈妈认为小东没有任何问题，他只是需要更多时间来适应陌生的环境。我给小东妈妈看了我平时录制的一些小视频，让她对比其他孩子的行为，认识到小东与其他孩子的不同之处。然后，我明确指出小东目前存在的问题和以后会受到的影响。出于对小东的健康考虑，我强烈建议小东妈妈带他到专业的医院进行系统检查。在长达两个多小时的交流中，我态度真诚，让小东妈妈放下戒备，开始接受我的建议。接下来的一段时间，她带着小东在各大医院进行了检查。

几周后，小东的检查结果出来了，他是严重感统失调且身体发育迟缓，但是智商很高。在医生和专家的指导下，小东开始接受专业的治疗和训练。一段时间后，我看到了小东的明显变化，他上课不再离开自己的座位，会举手和老师互动，也有了自己的好朋友。我每周末都会和他妈妈电话交流小东在学校的表现，及时肯定和表扬小东的进步，小东妈妈也会反馈小东在家的表现。家校合作让小东尽早接受了专业治疗，相信小东以后会越来越好。

反思与总结

爱是教育的前提。教育者只有真正去爱学生,才能走进他们的内心,和他们一起成长。作为一名班主任,面对特殊的孩子,我们要尊重他们,不能一味地指责批评,否则会引起逆反心理,适得其反。

对于特殊的孩子,尽早让他接受专业治疗才是对他最好的帮助。我们要理解家长最初不认同、不接受的态度,因为孩子是一个家庭最大的希望和期待。如果自己的孩子有问题,对于这个家庭来说,可能会是致命的打击。我们要拿出最诚恳的态度,耐心地和家长交流,用真诚说服家长。

孩子是花朵,是祖国的未来和希望,教育和培养孩子是我们义不容辞的责任。几经努力,小东这个特殊的孩子在生活和学习上已经有了很大的改变。我相信在我和家长的共同坚持下,他一定会有花开的那一天!

有爱就有教育

小学部　张凤梅

案例描述

小舞是一个高个子女生，她性格有些孤僻，总是冷着脸不擅于人际交往，班里唯一的朋友是一个来自菲律宾的男生。在课堂上，她几乎不发言，总是低头做着自己的事，令各位任课老师非常头疼，尤其是音乐课和美术课，她从来不听讲也不做作业。

作为班主任，我在小舞那里也遇到了棘手的问题。班里有两个孩子生了水痘，学校为了预防水痘在校园里大面积暴发，免费给班里没有接种水痘疫苗的孩子接种疫苗，但是小舞拒绝接种。

小舞父母平时工作忙，很少带她出去玩，这可能是小舞性格比较孤僻的原因。随着小舞年龄的增长，她也越来越独立，大部分时间都用来读书和创作小说。除此之外，小舞没有其他的兴趣爱好，也从来没有参加过任何兴趣班。

家校共育对策及效果

了解了小舞的问题与她的家庭教育情况后，我约小舞父母进行家访，让他们意识到培养小舞健康向上的性格是当前最主要的问题。因此我们采取了以下策略：

首先，父母要多陪伴，给小舞安全感。小舞的行为表现折射出的是她缺乏安全感、自我评价低、人际交往困难等。建议父母即使再忙，每天晚上也要抽出一点时间来陪陪小舞，试着读读她喜欢的书，跟她讨论和交流，寻找共同的话题，以此增加亲子间的亲密度。周末时父母多陪她做一些她喜欢的事，还可以带她外出郊游，或者参加一些亲朋好友的聚会。父母高质量的陪伴能让小舞感受到家庭的温暖，让她有足够的底气去面对学习与生活中的各种挑战。

其次，关注小舞的兴趣，增强她的自信心。小舞不愿意和老师、同学交往，是她缺乏自信心的表现。父母要学会发现小舞身上的闪光点，及时给予肯定与表扬。我建议从小舞的兴趣点出发，为她提供展示自己的平台，比如，支持和鼓励小舞写小说，并帮小舞在网络平台发布出来。

在学校，我让小舞把她的作品给我看看。只见笔记本的首页上画着雷神，里面工工整整地写了几十页有关赛尔号的故事，字迹非常工整。看完她的作品，我给她提了一些修改建议，还因势利导，建议她认真上好美术课，这样小说里的插图也能画得更细致、精美一些。同时我们也约定，当她完成作业后，可以在自习课上写小说。当得知她有拍微电影的想法，在班级元旦联欢会筹备中，我给了她一个剧务的角色，让她负责音乐、字幕，帮她积累拍摄经验。她的父母也给了她经济和技术上的支持。

两年时间，我见证了小舞的成长和变化。后来她升入了我校中学部，会经常利用中午时间来看我，我成了她的一个大朋友。从小舞的身上，我真正体会到了"有爱就有教育"的深刻内涵。

反思与总结

婴儿期、幼儿期和学龄前期，这三个时期是孩子性格形成的关键时期，家长如若不关注，将会对孩子的成长造成很大的影响。忙碌并不能成为父母缺席的理由，因为陪伴并不需要大把的时间，哪怕每天只有十分钟，只要父母做到全心全意，也能让孩子感受到父母对他的爱与关注。

每个孩子的内心深处都有一个心灵密码，只有了解孩子的父母才能够破解。培养孩子健康的人格，需要读懂孩子，走进孩子的内心世界。不但要了解孩子的言行，更要了解孩子的心理，了解孩子的精神需求。积极寻找孩子行动背后的动机，找出问题的根源，就可以为孩子提供适合的教育。

信任与爱，不负期待

小学部　魏婷

案例描述

彤彤是个腼腆的女孩，喜欢唱歌、画画。她平时不愿意跟同学们打交道，也不爱说话，上课主动举手发言的次数很少，回答老师的提问时总是低着头，声音也很小，有时还会紧张得掉眼泪。

学期末线上家访时，我跟彤彤妈妈沟通，发现彤彤向父母谎报了语文成绩，这让我们都很惊讶。考虑到彤彤比较内向，怕给她带来压力，我过了几天才向她委婉提起成绩的事，但她只是低头不语。

彤彤爸爸工作忙，时常出差，妈妈全职在家照看四岁的弟弟。彤彤爸爸认为学习只要尽力就好，妈妈则认为彤彤已经长大了，很多事都可以放手让她自己去做。彤彤比较敏感，很少跟妈妈聊学校里的事情，妈妈问多了彤彤就觉得厌烦，然后把自己关在房间里。彤彤妈妈经常用命令的语气说话，比如，快去写作业，快去吃饭，等等。

彤彤爸爸对孩子的身心健康和教育不重视，彤彤妈妈与孩子的沟通方法不对。在彤彤眼里，妈妈更关心弟弟，对她只会唠叨，于是她把自己关在房间，以此对抗。

家校共育对策及效果

基于对彤彤家庭的了解，我知道彤彤内心很渴望得到父母的关爱和帮助。所以课下我主动找她聊天，聊起我小时候的事情，借此拉近与她的关系，也缓解她的紧张感。她从一开始的双手紧握，到后来捧腹大笑，我知道她的心在一点点地融化。

后来，我去彤彤家进行了家访，为彤彤父母详细地介绍了彤彤在校的表现，共同商讨改善不良心理状况的方法。我建议彤彤父母多关注彤彤的异常行为，多跟她聊一聊她身边的事，及时了解孩子的心理动向，引导、鼓励她说一说自己的想法。

针对彤彤的问题，我给出了一些建议：

1.妈妈要控制情绪，对彤彤多一些耐心，用询问或商量的语气跟彤彤对话。

2.父母要抽出时间和精力关心彤彤的成长，一起探讨彤彤在学习生活中遇到的难题，而不是让她独自面对。

3.爸爸要发挥榜样作用,帮助彤彤磨炼意志。

经过深入沟通,彤彤父母意识到彤彤的问题其实是家庭教育的问题。对于孩子的成长来说,成绩不是最重要的,好的性格的养成,身体、心理的健康发展才是最重要的。彤彤妈妈开始把关注的重点放在彤彤的人际交往、情感态度上,抽出更多时间和精力关心彤彤的学习生活。彤彤爸爸开始注重培养她大方、坚韧的性格,在学习上也给予彤彤很大的鼓励与帮助。

经过一段时间的努力,彤彤有了很大的改变,她的学习成绩提高了,在课堂上敢于举手发言且声音响亮,下课能主动与同学交往、做游戏,收获了很多朋友,也愿意参加各种活动,展示自己的学习成果。

反思与总结

教书育人是一场漫长的修行,经历了无数次的春花夏蝉,秋叶冬雪,我依然热爱着每一年。教室,是师生的第二个家,我致力于让这个大家庭里的每一个孩子都得到关爱和温暖!

孩子的问题不是一天产生的,当然也不是一天能够解决的,如果我们在发现问题时及时与家长沟通交流,而家长也能积极配合,找寻适合的解决办法,那么这个孩子是幸运的、幸福的,这个家庭也是美满的。

我和涵涵的故事

小学部　梁琨

案例描述

涵涵是个转学生，上课时她会自言自语，有时还会突然大叫一声，把老师和同学们都吓一跳；有时她会突然站起来，在座位旁边有节奏地跳一跳，跳完之后再坐下；有时她会突然大声说"尿尿"，然后就自顾自地走出教室；站队的时候，她也总是在队伍外围若无其事地游荡。

涵涵父母工作非常忙，她是由爷爷奶奶照顾的。爷爷奶奶的精力有限，没法有效陪伴，所以涵涵大多数时间是在家自己玩。涵涵很少跟同龄人接触，和父母的交流也很少，这导致她不知道如何正确地与人交往，不懂得遵守规则，纪律性差。

家校共育对策及效果

我分析涵涵的行为，一是转学到了新环境不适应，没有安全感；二是妈妈担忧她的表现，不自觉地把焦虑传递给了她。通过观察，我发现只要让涵涵的情绪稳定下来，她就不会再有过激的行为。我建议涵涵妈妈不要着急，给涵涵更多的时间让她适应和成长，在家里给涵涵营造一个舒适的家庭环境，让她做一些力所能及的简单家务，培养自理能力。在学校里，我尽可能地鼓励涵涵，会摸摸她的头或拉拉她的手来表达对她的关爱。我跟孩子们说，尽量不要大声叫涵涵的名字，也不要去拉拽她，因为她会紧张、害怕，会情绪激动。我号召大家像对待家里的弟弟妹妹一样，耐心地帮助她、照顾她。为了避免涵涵在考试中出现过激行为影响其他同学的考试，我还特意跟年级组申请，让涵涵单独考试，由我亲自监考。经过两个学期的训练，涵涵已经能够正常地随班考试了。

在这个过程中，孩子们对涵涵的态度在悄悄地改变。有的孩子帮她打饭，有的孩子跟在她的身后护送她，有的孩子买文具送给她。六一文艺会演时，有孩子用自己的"人开币"给她买门票；她领读英语的时候，孩子们的声音会格外的大。涵涵也在悄悄地改变着。她会因为高兴而叫出同学的名字，她会因为喜欢而拥抱同学，她会在同学受批评的时候为他求情，她会在我生气时探出脑袋说："梁老师，不要生气哦。"她也会在同学们帮助她后大声说："谢谢！"我和孩子们对她的爱，她都能感觉到，也在用她自己的方式回应着我们。

现在,涵涵不再有异常的表现,已经完全融入了我们这个大集体,早读时,她能大声地领读;公开课上,她能完整而又精彩地回答老师提出的问题。涵涵妈妈反馈涵涵会主动跟她说自己在学校的表现和出现的问题。家长的积极配合,让涵涵在各方面都有了很大的进步。

> **反思与总结**
>
> 　　对待特殊孩子的一些行为,我们不能一味地去责怪和制止,要去寻找这些行为背后的原因,思考科学的解决方法。每一个孩子都是独一无二的,他们出现的每一个问题,都应该有为他量身定制的解决办法。
>
> 　　每个孩子都是一粒花的种子,只不过他们的花期不同。有的花,很快就能灿烂地绽放;有的花,需要漫长的等待。细心地呵护他,慢慢地看着他长大,陪着他沐浴风雨,这何尝不是一种幸福?

家校共育，"走心"促成长

小学部　牛剑姣

案例描述

我对小冬印象深刻。从一年级入学开始，不断有孩子找我投诉说小冬爱说脏话、骂人、打人。后来，因个人原因我没有继续带这个班，听接手这个班的老师说，小冬与同学发生冲突时，越来越爱动手打人，有几个同学都受伤去了医院，所幸最后没有大碍。小冬妈妈听说我重新接手这个班时，专门请假到学校跟我沟通小冬近几年出现的行为问题，向我寻求帮助。

小冬四五岁之前是跟着爷爷生活的。爷爷年纪大了，听力不太好，只负责照管小冬的日常生活。小冬跟着父母生活后，父母对他的要求较为严格。

小冬父母在小冬是非观和安全感建立的初期缺席，导致他的行为出现了一些问题。又因为小冬父母不了解孩子的心理发展特点，对小冬出现的错误行为缺乏引导和纠正，再加上没有科学的管教方法，导致小冬应有的是非观没有建立，也让他本就不多的安全感变得更少了。

家校共育对策及效果

经过分析，我决定采取下面这些对策：

1.邀请心理辅导老师对小冬的行为问题进行专业的解读，让小冬父母了解小冬行为问题背后的原因，引发他们的反省和思考。

2.和心理辅导老师一起，与小冬及其父母进行深入沟通。首先，让小冬知道需要帮助的不只有他，还有他的父母。

同时，我还给小冬父母提出了一些建议：

1.与小冬的沟通交流以正面引导为主，肯定和表扬小冬做得对的地方，并明确告知小冬什么样的行为是对的，什么样的行为是错的，并说明为什么。

2.鉴于小冬一直以来的行为问题，建议小冬父母寻求专业的心理咨询机构的帮助，改善家庭教育的氛围，增强小冬的安全感。

经过一年的家校共育，小冬家里争吵少了，沟通多了。改变最大的当数小冬爸爸，他与小冬的交流变多了，态度更温和了。小冬从爸爸那儿获得的安全感，使他在遇到冲突时，不再轻易地"火山爆发"。小冬也愿意把自己对父母的期待和感谢说出来,对他们也多了一些理解和信任。

同学们将小冬的改变和进步都看在眼里,对他的投诉越来越少,愿意跟他一起玩的同学越来越多。老师们对小冬的表扬和肯定也越来越多。小冬感受到了自己的进步,有了很大的成就感,也更加愿意追求进步。

反思与总结

在家校共育的过程中,孩子是最重要的一环。获得孩子的理解和支持,往往会取得事半功倍的效果。

家长普遍重视孩子的教育,但有时会因为缺少科学的方法,站到了孩子的对立面,被孩子关在心门之外。这时,就需要我们引导家长参与孩子的成长,共同了解孩子成长的规律,转变对孩子的态度,走进孩子的内心,与孩子并肩而行,共同进步。

用点滴关爱扫清孩子的内心障碍

小学部　王爽

案例描述

小宇长了一双充满笑意的眼睛，他个子不高，人缘很好，从不和同学闹别扭，学习比较认真，很有上进心，脑筋灵活，偶尔会有让人意想不到的奇思妙想。然而每个人都会有不敢面对的事情，小宇就非常害怕抽指尖血，以前每次体检他都会放弃这个项目。小宇父母说小宇以前打疫苗时得好几个人按住他才能强行注射，后来就不再强迫小宇抽血了。

小宇是家中的独子，爸爸平时工作较忙，小宇的教育主要由妈妈负责。小宇在很小时就出现了不敢打针、抽血的问题，小宇父母一直以为这跟小宇姥爷晕针有一定的关系。由于小宇对这类事的反应特别强烈，所以他们选择尊重小宇的意愿，也没有深究原因。

家校共育对策及效果

经过几次观察，我发现小宇对待抽血、打针的态度是既害怕又想尝试。我向小宇妈妈表达了想借这次体检的机会帮小宇实现自我挑战的想法。在得到小宇妈妈的同意后，我请她在家中与家人一起鼓励小宇，帮他做好适当的心理建设并向他保证：即使挑战不成功也没有关系，父母和老师都不会强迫他，可以放心地去尝试，完成自我挑战。

针对小宇的问题，我给了小宇父母一些建议：

1.淡化小宇姥爷晕针可能遗传给了小宇的想法，避免出现不良心理暗示。

2.家人提前沟通好，要一致表达对小宇挑战抽指尖血这件事的支持，让他学习面对自己的恐惧。

3.爸爸与小宇聊聊关于男子汉的话题，让小宇以小男子汉自居，从而有勇气挑战抽血、打针。

4.不强迫小宇必须挑战成功，表达家人们对他的信心。

在老师、同学及家人的鼓励和帮助下，小宇成功地完成了自我挑战，流下了激动的泪水。在当天的班级体检总结会上，小宇说出了自己内心的真实想法：原来，第一次抽指尖血时的糟糕体验在他幼小的心灵中种下了恐惧的种子。在成功克服了内心的恐惧后，他终于对曾经的心理阴影释怀了。去医院参加新冠疫苗的接种是小宇的第二次自我挑战，有了第一次的成功经验，这一次他很快克服了打针的恐惧，顺利完成了接种。

反思与总结

　　小宇之所以能够挑战成功，跟小宇妈妈一直以来坚持"与孩子做朋友"的教育理念有很大的关系，她没有指责孩子，更没有强迫孩子，而是在给予了孩子更多的体贴与理解后鼓励他尝试挑战自己。同时，她也坚定地告诉孩子，即使没有成功，爸爸妈妈也依然爱他。我想这样的保证给了孩子巨大的力量。

　　这件事情更让我意识到，如果我和家长在孩子抗拒抽指尖血的时候不去寻找适宜的方法引导他，那么也许孩子就没有勇气迈出这一步。每个孩子的成长都需要老师和家长的关爱和帮助，当老师与家长统一教育意见与观念时，教育的效果会更加明显。

放手，而不放任

小学部　杨斌

案例描述

梓民爱好足球，每天踢上一个半小时都不嫌累。他愿意为同学们服务，打扫卫生很积极，但他性格固执，看待问题比较偏激，总是先看到不好的一面，且爱插嘴，遇到问题也总是抱怨别人的不是。

梓民的家庭条件优越，是家中的独子，他是在姥姥、姥爷无微不至的关怀和溺爱中长大的。梓民爸爸是博士，爱看书，生活十分自律，事业上很成功，梓民很崇拜他，觉得爸爸知识渊博。但是梓民爸爸很忙，和梓民的沟通很少。

梓民有一个非常强势的妈妈，在医院工作。妈妈在家中说一不二，控制欲极强，梓民穿衣、吃饭、学习都得按她的安排来。梓民想要摆脱妈妈的控制但没成功，渐渐地，他在做自己不能掌控和不愿意做的事情时，经常和人对着干，反着来。比如，你让我好好学习，我就偏不，也不认真完成作业。

家校共育对策及效果

在充分了解了梓民的问题以及他的家庭教育情况后，我将收集到的所有材料进行了详细整理，并请梓民父母一起来学校进行了面对面的家校沟通。

首先，我展示了收集整理的材料，证明梓民确实存在偏激的表现。其次，我详细讲解了身心健康对孩子一生的重要性，希望引发家长在家教方法上的反思。最后，我建议梓民父母多与孩子沟通，聆听他的真实感受，因为"一个人内心的感受远比所谓的事实更重要"。

针对梓民的问题，我给出了一些具体的建议：

1.爸爸要参与到梓民的成长教育过程中来，再忙也要抽时间询问他的学习生活情况。

2.爸爸要起到榜样作用，有意识地让梓民看到自己自律的一面，带他一起看书，让梓民也爱上阅读。

3.建议妈妈暂停监管梓民的学习，交由爸爸负责，让妈妈逐步学会放手，给梓民多一些自由的空间。

在这次沟通之后,梓民父母做出了一些改变。梓民爸爸意识到了梓民问题的严重性,只要在家就会抽出时间陪梓民学习、聊天、玩耍。在梓民写作业时,他陪在一旁安静地看自己的书或者工作。我也随时向梓民父母反馈梓民在校的表现,对他们的配合予以肯定,增强他们的教育信心。在学校,我经常表扬梓民的进步。梓民的精神面貌有了很大的改变,上课认真了,插嘴的次数少多了,作业也开始做了,书写更端正了。

反思与总结

孩子身上的某些问题得不到改善,与家长有一定的关系。比如,父母比较强势,控制欲强,缺乏耐心,与孩子疏于沟通,通常会导致孩子产生逆反心理。作为班主任,在分析孩子出现问题的原因时,要为整个家庭"问诊号脉",才能找到隐藏在表象下的根本原因。

同时,随着孩子逐渐长大,家长要慢慢学会放手。独自前行的孩子,也许会一路畅通无阻,也许会遇到挫折勇往直前,也许会害怕失败畏惧退缩,此时,守护在他们身边,及时施以援手,这是"放手而不放任"。最良性的关系,是亲密有间。父母给孩子足够的空间,才能使孩子获得真正意义上的成长。就如英国心理学家克莱尔所说,父母真正的成功,是让孩子尽早作为一个独立的个体,从你的生命中分离出去,这种分离越早,你就越成功。

相信、肯定与鼓励——我与小易的故事

小学部　付冬青

案例描述

小易是五年级上学期从国际学校转来的，几乎每天早上他都会去厕所呕吐。小易妈妈说可能是因为小易乱吃东西，的确，我发现小易有吃手指的习惯。渐渐地，我发现小易呕吐并不完全是因为他不注意口腔卫生，更多的是因为他对学校的抗拒。

小易也不招同学们的喜欢，他的行为经常被同学们误解。拍同学的肩，会被同学误以为他打人，问同学问题，会被同学误以为他是想抄作业。遇到不喜欢上的课时，他还会悄悄地溜出教室……

小易爸爸是严父，小易妈妈是慈母，小易有点"妈宝"。爸爸认为小易拥有很强的人际交往能力，用他的话说，就是"跟谁都能打成一片"。

针对小易的情况，我分析出几个原因：一是从国际学校转来公立学校，他需要时间去适应；二是他对新学校心存抗拒；三是他希望得到老师和同学的关注。在与小易的相处过程中，我发现其实他是一个很善良的孩子，在很多事情上有自己的想法。

家校共育对策及效果

我跟小易父母商议了对策，请小易和父母同时回答三个问题，借助这三个问题帮助小易调整心态。这三个问题是：

1.你能说一件最让你激动的事吗？

2.当你激动时，你的身体会发生哪些变化？

3.如果面对让你恐惧的事物，你会怎么样？

我请小易和父母公布自己的答案，并请小易父母结合这三个问题讲述自己的成长经历。我再结合自己与小易父母的成长经历，与小易共情，帮助他认识到早上呕吐不是因为身体不好，而是他在逃避令他害怕的事情。

之后，我组织了一次主题班会，请全班同学回答这三个问题，并结合成长经历讲述自己的答案，促使他们与小易共情，为小易营造友善的班级环境。

我也给小易父母提了一些建议，请小易妈妈学会对小易说"不"，让小易减少依赖，更独立一点，同时请小易爸爸多花些时间和精力陪伴小易，给他更多的安全感。

新的学期，小易不再吐了，但是又出现了新的问题。只要是上跆拳道课，他都会悄悄躲起来。因为他害怕浑身肌肉的大块头男老师，尤其是这个老师看着他时。当我发现这个问题，找小易问明原因后，我陪小易上了几次跆拳道课，请这位男老师秀秀他的肌肉并引导小易摸一摸，让小易感受到这位男老师并不可怕。此外，我强调学生应该遵守课堂纪律，不能随便逃课。长时间的相处让小易对我有足够的信任，所以他愿意相信我的话，愿意努力克服对跆拳道老师的害怕，不再逃课。

反思与总结

小易的案例让我更坚信管班育人的原则——相信孩子、肯定孩子、鼓励孩子，这也是"皮格马利翁效应"的一个缩影。学生，尤其是小学生，他的世界观、人生观还没有形成，因此成人对他们的评价至关重要。因为孩子的一两件事就随便给他"扣帽子"，这对他们是不公平的，我们应该也必须将他们看作是纯洁的、可塑的，相信他们，肯定他们，鼓励他们。

时光不语，静待花开

小学部　张蕾

案例描述

初识阿赞的时候，他是一个有着强烈好奇心、爱表达的孩子，也是一个小动作和小问题不断的孩子。接触了一段时间后，我发现阿赞不但在生活、学习习惯上有问题，在情绪控制和情绪表达上也有问题。遇到困难了他会哭闹、摔东西；和同学发生矛盾了，他会情绪失控冲人挥拳头。更让我担心的是，阿赞对身边的人和事漠不关心，开学很长一段时间了，仍然不知道身边同学的名字，也不愿接受大家的关心。

阿赞爸爸工作繁忙，妈妈既要工作，又要照管孩子，还要承担一切家务琐事。阿赞在幼儿园曾有过一些不愉快的经历，妈妈在百忙之中忽略了阿赞的心理变化，导致阿赞在幼儿园时就被确诊为多动症，且大脑有一定程度的损伤。

阿赞爸爸对阿赞过于严厉，又没有足够的时间和精力陪伴他，导致阿赞遇到困难只会责怪自己，通过哭闹、摔东西来发泄情绪。妈妈在工作和生活琐事中分身乏术，忽略了对阿赞的教导，导致他不知道如何与人相处，和同学发生矛盾时只会发脾气、挥拳头。幼儿园期间不愉快的经历，以及缺乏集体生活经验，导致他不关注身边的人和事；多动症、大脑受损，让他情绪和行为都不受控，无法融入班集体。

家校共育对策及效果

在了解了阿赞的家庭情况和经历后，为了尽快帮助阿赞走出困境，我开始全面了解他在校的表现。首先，我找到了任课老师了解阿赞的课堂表现，将共性的问题进行整理，方便与阿赞父母沟通。其次，我将阿赞在校的日常进行了简单的记录，保证沟通时有据可依。最后，我向有经验的老师请教，寻求能够帮助阿赞的方法。

由于阿赞每个阶段的表现及外显问题都有不同，我与阿赞妈妈进行了多次电话沟通。根据阿赞的表现，我向阿赞妈妈表达了一些想法，并给出了一些建议：

1.为阿赞营造一个和谐、温暖的家庭氛围，让他能在轻松、愉快的环境中生活，保持情绪稳定，避免情绪起伏过大。

2.希望阿赞爸爸不要过于严厉,更不要动手打孩子,要多给他一些陪伴和耐心。

3.建议阿赞父母带阿赞多参加一些亲子活动、集体活动,在活动中帮助他学习如何正确地与同伴相处。

4.让阿赞接受专业的指导和治疗,还可以参加学部提供的心理评估以及每周两次的心理活动。

5.配合学校教育,关注阿赞在学校的表现,与他谈心,了解他的想法。

多次沟通后,阿赞父母在观念上有了很大的改变。他们开始关注阿赞的行为习惯和心理变化,尽量给他一个温暖、轻松的环境。阿赞爸爸会抽出时间陪伴阿赞,在亲子共处时也更有耐心,这对阿赞有着潜移默化的影响。阿赞的情绪基本稳定,不再乱发脾气或动手打人,开始关注身边的人和事,慢慢记住了身边同学的名字,会主动与同学互动,逐渐融入了集体。接受了专业的治疗和培训课程后,阿赞在自控力和注意力上也有了很大的突破。

反思与总结

家校共育成功的前提是理念一致,节奏统一,在帮助孩子之前,先要得到家长的信任和认可,双方统一,才能在最大程度上帮助孩子。

阿赞的故事还在继续,这或许会是一个很长很长的故事,但只要我们有足够的信心和耐心,我相信阿赞一定会长成花园里最美的那一朵花。

时光不语,静待花开。

爱不能盲目

小学部　丁姿姿

案例描述

小程瘦高白净，书写工整美观，但他在情绪管理、思维发展、语言交流上存在困难。他控制不住情绪，经常大哭大叫。在课堂上他也很难跟上老师的思路，不会说完整的句子，很难融入同学们当中。他的注意力集中时间非常短，上课时会突然站起来无目的地走几步，有时还会突然笑出声。

小程是独生子，家庭条件优越。小程爸爸工作忙，压力大，经常出差，几乎无暇顾及家里的事情，更没有时间和精力来照管孩子。小程妈妈是全职太太，不爱出门社交，有轻微抑郁症，而且经常眩晕需要卧床，所以小程在家的大部分时间都是自己在客厅玩。小程上幼儿园之前几乎没有跟同龄人相处的经验，入学前的很多事都由妈妈一手代办。小程父母认为孩子哭闹是因为任性，长大了就不会再哭闹了。

我咨询了心理辅导老师，他初步认为小程可能存在先天发育方面的问题，如果没有得到及时、科学的干预，问题可能会更加严重。

家校共育对策及效果

小程的情况的改善经历了一个较为曲折的过程。

从一年级入学到二年级第一学期，我一直在努力帮助小程调整他的情绪，也及时向他的父母反映他在校的表现，但是效果并不明显，他还是一激动就伸手打人。我邀请小程妈妈到校安抚他，邀请校内心理辅导老师进行干预，并建议小程父母带他去专业医疗机构检查，以获得更科学的干预方法。但小程父母拒绝带孩子去检查，认为这是孩子自然成长的一个过程。

二年级第一学期，小程的情绪问题和日常行为已经严重影响班级教学和日常活动的开展，多次沟通后小程妈妈才同意进校陪读。但到了第二学期小程妈妈便不愿再陪读，小程情绪非常激动时会跑到校门口哭叫，有一次甚至差点跑到了马路上。我请年级主任与小程父母沟通，他们表示会认真考虑去专业机构检查并接受专业的干预治疗。小程妈妈又陪读了几周,后因压力过大改为聘请专业的老师陪读,小程的情绪和行为才逐渐有所改善。

我也给小程父母提出了一些建议。一年级时,我建议他们每周制订学习和生活上的小目标,锻炼小程的独立能力,让他做一些力所能及的家务。二年级时,结合心理辅导老师的反馈,建议他们平时多带小程做运动,做一些有助于肌肉锻炼、注意力提升、情绪管控等方面的练习。

经过反复耐心的沟通,小程父母逐渐认识到小程在自我管理、动手操作能力、情绪管理等方面的问题不会简单地随着年龄增长而自行改善,理解了我们的良苦用心,不再抵触和抗拒心理辅导老师与小程接触。小程居家学习也有专业老师的陪同,行为、习惯有了一些改善,希望以后有更大的进步。

反思与总结

小程的问题如果能够及时发现,引起重视,用科学方法培养,他是可以有基本的规则意识的,在语言表达和情绪控制方面也可能达到同龄人的水平。

爱孩子是家长的本能,但爱也是有原则的。无视孩子明显异常的表现,坚决认为孩子不需要专业老师的帮助,放任不管,最痛苦的只能是孩子。

我相信

小学部　史桂学

案例描述

希明很聪明，有正义感，明辨是非的能力也很强。他特别喜欢帮老师和同学做事，可经常好心办坏事，好在他很乐观开朗，即使被埋怨了也乐此不疲。他的有些行为习惯不太好，比如爱吵架、说脏话、打人、大吼大叫。只要不是语文老师和数学老师上课，他就会在课堂上捣乱、顶嘴、发脾气。

希明的家庭条件比较优越，是家里的老二，哥哥已经上大学。他的父母工作都很忙，爸爸早出晚归，很少有机会和希明交流，爸爸常会因看不惯希明的一些行为举止而训斥甚至打骂他，因而希明很怕爸爸。他也经常被妈妈训话，他不喜欢被妈妈管，有时会冲妈妈发火、顶撞妈妈。

孩子的表现我们都可以在家庭教育中找到原因。一直以来，希明父母对希明是有问题就训，没问题就宠，出了事就打。希明跟父母的交流少，虽然父母对他有宠爱，但更有打骂和不信任，因此他随时处于反抗状态，缺少家庭给予的安全感。除此之外，希明的课余时间和假期是在各种补习班、课外班中度过的，各种老师他见得多了，对老师也就不再那么敬畏。由于希明没有养成好的行为习惯和学习习惯，到了高年级，跟不上学习进度也让他有些自卑，因而希明特别希望在其他方面能得到别人的认可，可这种机会又很少，所以他的问题也越来越严重。

家校共育对策及效果

我在接手这个班后对希明进行了家访，走进希明的家庭，了解他的家庭环境和他在家的表现及希明父母的教育理念和方法。我和希明父母交流希明在校的表现，一起分析希明出现问题的原因，讨论、协调整改的方法。同时，我也与希明交流，了解他的真实想法和感受，从希明的角度去思考帮助他进步的方法。

之后，我给希明及其父母开了"药方"：我建议希明父母教给希明一些解决问题的方法。同时，引导希明发现同一个问题，可以有多种解决方案，也可以有更优的解决方案，鼓励希明用多种方法解决问题。除此之外，我也建议他们接受希明目前的状况，改变现有的亲子交流模式，让希明有更多的安全感，对父母更加亲近和信任。

在亲子交流时，我建议希明父母用"我怎么帮你？""跟我说说你的想法"开头，引导希明表达自己的想法和感受，用"你这样做我很满意""我相信你！"来肯定和表扬希明的进步。

在与希明及其父母的交流中，我始终传达着这样一个信念：我相信你，相信你可以更好，相信你可以实现我们制订的小目标，相信你只要迈出一步，就会有所收获。

在后面的日子里，我和希明父母合作，互相"搭台唱戏"，帮助希明建立自信心和认同感，消除他的压力，也让他学会体谅父母和老师，学会感恩。

半年时间过去，希明再没有跟同学吵过架，也没有打过人，情绪问题明显得到了改善，学习成绩也有所提高。同学们"告状"的次数以及各科老师要求找家长的次数也在逐渐减少。虽然希明仍然会出现一些小问题，但与以往相比已经有了很大的进步。

反思与总结

每个孩子都是独一无二的，要接受他们的差异，让他们健康快乐地成长为"大树或小花"。我们在孩子的家庭教育中是一个最冷静的旁观者，也是最有效的指导者。我相信，在我的努力下，我能看到孩子和家长的改变，我能跟他们一起成长，一起成为更快乐幸福的人。我相信，我们都可以做得更好。

家庭与陪伴

初中部　徐晗

案例描述

小明每天长时间沉迷于玩手机，经常凌晨之后才睡，又因睡眠不足晚起，上学总是迟到。他上课注意力不集中，不能按时完成家庭作业，还未经允许将手机带入校园，被发现后情绪失控，用小刀割手腕自残。

小明的父母离异，他和爸爸、继母一起生活，和继母的关系一般，和生母基本没有联系。小明爸爸工作忙，小明在家里经常没人管。小明爸爸脾气较为暴躁，当他在家时，如果发现小明玩手机影响了学习，就会粗暴地没收小明的手机，父子之间也经常因此发生激烈的争吵。

家校共育对策及效果

在学校，我改变了和小明的相处方式，先与他建立良好的师生关系，各位任课老师也积极配合，一起关注小明的迟到和学习问题。

在充分了解了小明的问题以及他的家庭教育情况后，我将收集到的所有材料进行了详细整理，并与小明爸爸进行了多次沟通。我先介绍小明在学校的表现，同时，也请小明爸爸反馈小明在家的情况。

小明的问题大部分是由亲子关系所引发的，小明爸爸对小明的关注虽少但有，只是缺乏正确的方法。小明渴望和谐的家庭关系和父母的陪伴，认识到这点之后，我认为需要家校形成合力，共同帮助小明成长。在沟通中，我给了小明爸爸一些建议：

1.教育孩子不能靠打骂，沟通才是解决问题的关键，过激行为容易激化矛盾。建议小明爸爸多和小明聊聊天，了解他的需求，肯定和表扬他的进步，在衣食住行的细节中关爱小明，让小明感受到爸爸对他的爱。

2.和小明约法三章，减少玩手机的时间，培养一些兴趣爱好或去锻炼身体，转移他对手机的注意力。我发现小明对舞蹈比较感兴趣，建议小明爸爸鼓励他去学习舞蹈。他对篮球、足球等运动也展现了极大的兴趣，在学校，我也鼓励他多参加这些运动。

我对小明强调手机不能带入校园的规定，鼓励他参与体育运动。我每天在课间操的时候会陪他跑步，经常和他谈心，鼓励他参加足球训练营，让他在体育锻炼的时候放松身心。这样坚持了两个月之后，小明的状况有了明显的改善，能完成不少作业，上课睡觉的次数也少了很多。

小明的情况真正得到改善是因为一次打架事件。他和同学因为一些口角发生了激烈的冲突，他打了对方一拳后情绪崩溃，不断自责。我先安抚了他的情绪，了解了事情的起因和经过，知道错并不全在小明身上，然后联系了双方的父母。小明爸爸积极帮助小明处理此事，主动承担责任，没有一味地指责小明。同时，班里同学也热心帮他说情，他感受到了同学和家人的关怀。自此之后，小明的学习积极性提高了，给自己制订了学习计划并为之努力，玩手机的次数也骤减。

反思与总结

孩子从出生到成长，父母是第一责任人，也是他们的第一位老师。小明的问题得不到改善主要是因为亲子关系恶化，父母在他的成长过程中没有起到良好的引导作用，导致其有很强的逆反心理。让孩子更好地成长是我们的共同诉求，家校合作形成合力，才能达成共同的目标。

父母的好情绪是给孩子最坚强的力量

初中部　裴艳杰

案例描述

小郭走路总是缩着脖子，佝偻着身体，一副没有自信的样子。她的学习能力比较差，背诵和写作业都非常慢，上课注意力不集中，有时老师点名让她回答问题，她也总是低着头，一言不发。历次考试的成绩无论在班级还是年级都排倒数。

小郭爸爸每天工作超过十小时，妈妈的工作单位在天津，每天通勤时间比较长。他们都忙于工作，极少有时间关注和陪伴孩子。小郭有个弟弟上小学二年级，成绩比较好，小郭认为父母更重视和喜欢弟弟，这也导致小郭的青春期叛逆尤为严重。

小郭因为学习成绩差、写作业慢等原因常被父母唠叨、训斥甚至打骂。在与父母沟通时，她要么靠嚷，要么冷言冷语，再不就是拒绝沟通，默不作声，这也导致他们的亲子关系进一步恶化。小郭在学校趁老师和同学不注意时，多次用小刀割手腕。小郭的这种自残行为不仅伤害了自己的身体，也给班级其他同学的心理带来了消极影响。

家校共育对策及效果

在向小郭本人及周围同学了解了割腕事件的起因以及她的家庭教育情况后，我认真思考了约谈小郭父母的预案，然后约小郭父母进行面对面的家校沟通。

首先，我向小郭父母介绍小郭在校的表现，利用板报中小郭的绘画、在校和同学讨论学科问题时的照片等，让小郭父母了解小郭积极向上的一面。

其次，与小郭父母沟通她在家的表现，了解父母陪伴的情况、小郭与父母沟通的情况，并帮助他们寻找与孩子进行良好沟通的办法。

最后，创造机会，引导小郭和父母进行有效沟通。

针对小郭的情况，我给出以下建议：

1.在生活上，小郭要为父母做些力所能及的事情，如做家务等。在学习上，努力完成各科作业。

2.父母要放低姿态，将孩子放到和自己平等的位置来交流。照顾十三四岁这个年龄的孩子，要少说教，少唠叨，多陪伴，坚决不以武力解决问题。更要以实际行动让小郭感受到她和弟弟从父母那里享受的是同等的关爱。

3.双方有问题需要沟通时，先给对方一个微笑，放慢语速，降低音量，友善沟通。遇到任何事情，绝不以自残为发泄手段。

自此之后，小郭父母会有意识地控制自己的情绪，理智地和小郭沟通，不再唠叨、训斥甚至打骂。小郭比之前开朗了许多，再没有发生过自残的行为。

反思与总结

对孩子最好的教育就是父母的情绪平和。水极静生相，心极静生慧。水面静到一定程度会产生影像，而心静到一定程度则会产生智慧。在孩子成长的过程中就是需要这种"静能生慧"的心理环境。父母在孩子表现不佳时就训斥、打骂，让孩子内心受到伤害，还怎么生出智慧呢？

父母是孩子的第一任老师，而且是终生都不能下岗的老师。面对孩子的成长，父母的作用不容忽视，只有用心陪伴孩子，用爱呵护孩子，给孩子信心和力量，孩子才会健康成长。

家校交流，疏导情绪

初中部　李志芬

案例描述

小科个子高高大大，肤色偏白，坐在教室的最后一排。上课时他经常"抬杠"，比如，我提出了一个经证实无误的观点，他非得找一些似是而非的证据来论证这个观点是不对的，我只好花很多时间给他解释。

一开始我以为小科只是有些偏激，但接下来发生的一些事情改变了我的看法。有一次，我正在讲课，小科突然打自己耳光，声音很响亮，吸引了很多同学的目光。还有一次，他因为跟父母吵架从二楼的窗户跳了下去。现在，他作业也不按时交了，经常迟到早退。我意识到小科可能有心理问题，他遇到了很多自己无法解决的事情。

家校共育对策及效果

《道德与法治》这门课贴近孩子的现实生活，作为这门课的老师，我会给孩子们讲述如何处理与朋友、父母的关系。小科目前的这种状态，我认为有必要跟他的父母沟通一下。

通过微信，我和小科妈妈聊了很长时间，了解了小科的成长经历，他的理想，以及父母对待他的方式，我也终于知道了小科出现这些行为的原因。跟小科妈妈沟通后，我给了她一些建议：

1.建议小科妈妈和小科爸爸缓和夫妻关系，分出精力来充实自己，学习科学的教育方法，调和家庭的氛围，降低环境压力，引领家庭朝积极的、轻松的方向发展。

2.小科崇拜自己的父母，觉得自己做得不够好，自信心不足。我建议小科父母尽量给孩子减减压，对小科的期望和要求尽量切合他的实际水平。

3.多给小科一些关注与爱护，小科跟谁的矛盾比较大，就先换另一个人来，尽量减少亲子冲突，只有心里安定小科才能有精力去学习。

我跟小科妈妈交流了两三个月的时间。在这段时间里，我明显感觉小科的状态好了很多，作息也得到了保证，上课也不迟到早退了，作业的质量也上来了。小科父母也改变了很多，对待小科更柔和、民主。小科爸爸也更多地参与到教育孩子中来，小科的情绪问题得到了缓解，一切都在良性发展。

> **反思与总结**
>
> 孩子首先是一个孩子，他会因为家庭环境的影响有情绪的起伏，甚至出现情绪问题。情绪对孩子的学习是有直接影响的，积极的情绪能让孩子快速进入学习状态，提高专注程度，促进对知识的理解。因此，我们要积极疏导孩子的情绪，为他们创设一个好的成长环境。

用爱与耐心呵护每一颗心灵成长

高中部　刘畅

案例描述

小寒很重情义，乐于助人，平时对老师很有礼貌。但他患有中度多动症，自律性极差，上课注意力不集中或者随意说话，课间在走廊追跑打闹，给同学起绰号，说脏话，对自己的事情不上心，屡教屡犯。小寒的学习成绩也偏差，但他的小学成绩非常优秀，是在初中才开始严重下滑的。

有一次班会，我让孩子们写下自己的梦想，只有小寒什么也没写。下课后我找他谈话，他对我说："我是一个没有梦想的人，我觉得我没有未来……"

小寒父母工作较忙，他小时候主要由姥姥照顾，姥姥比较溺爱他，所以他的自理能力和生活习惯都较差。小寒父母信奉"棍棒教育"，对小寒学习上的要求很高，只要发现小寒的学习成绩下降或是收到来自老师的不好的反馈，小寒就会挨骂或者挨打，他们几乎不和小寒沟通，很少耐心倾听小寒的想法和感受。

自从小寒和我说他"没有未来"，我就意识到问题不简单。通过和他不断地沟通、交流，我了解到小寒在初中经历过长达三年的校园暴力，有严重的心灵创伤，极其自卑，还有过阴暗甚至轻生的想法。他在初中遭受校园暴力的事情一直不敢让父母知道，直到初三快毕业时他们才知晓，却未及时对小寒进行心理疏导。

家校共育对策及效果

在充分了解了小寒的问题以及他的家庭教育情况后，我将收集到的所有材料进行了详细整理，并请小寒父母来学校进行面对面的家校沟通。

首先，我向小寒父母强调小寒过去经历的校园暴力给他带来的伤害影响了他的学习与生活，希望他们能时刻关注小寒的心理变化。

其次，我向他们传递了正确的家教理念，强调亲子沟通的重要性。同时，深入沟通了小寒的纪律问题和学习态度问题。

针对小寒的问题，我给了以下具体建议：

1.父母和小寒深入聊一次,了解小寒内心真实的想法。

2.日常和小寒沟通时要注意言行,父母要以身作则,不说脏话,不打孩子,更不要用过分的言语骂孩子,耐心倾听孩子的诉求。对小寒的教育要以肯定和表扬为主,帮助他树立信心。

通过一段时间的沟通与教育、积极的引导和心理辅导,小寒各方面都有明显好转。他找到了自信,也交到了非常好的朋友,内心的不良情绪逐渐被爱占据。小寒父母也逐步改变了自己的教育方式,亲子关系得到了修复。曾经没有梦想的小寒在这学期召开的关于"梦想"的主题班会课上写道:想靠自己的力量保护家人,成为家里的顶梁柱!

反思与总结

在和诸多家长、家庭的沟通中,不难发现有很多家长的教育理念落后、方式偏激、言辞不当。因此,无论是在何时何地以何种方式与家长沟通,我都会强调:要尊重孩子、尊重他们的人格、尊重他们的隐私、尊重他们的个性、尊重他们的爱好、尊重他们的不同、尊重他们的一切。无论出现什么问题都应心平气和地沟通,不可采取偏激手段管教孩子。

良好的家校合作能使我们的教育事半功倍,能促进孩子更加幸福健康地成长。用爱与耐心浇灌每一株花苗,呵护每一颗心灵,静待花开!

每一盏灯火之下都应该是沸腾的人生

高中部　孙久凤

案例描述

高一新生入学前,我翻看了班里学生的入学档案。初中老师对磊磊的评价是:虽然不爱说话,但会为同学讲题。这个评价没有提及思想品德及学业方面的表现,我心里存疑。初见磊磊,只是觉得他性格比较内向。但是开学不到一周,他就在班里很难听地骂了一个女生,还扬言自己必要的时候会打人。紧接着不到一个月的时间里,他又和一个男生起了肢体冲突。

磊磊妈妈在某街道居委会上班,爸爸工作不稳定。磊磊第一次和同学产生冲突后,我联系了磊磊妈妈,得知磊磊在初三患了重度抑郁症,经治疗,病情好转后才来上学。在和磊磊妈妈的接触中,我发现她比较有耐心,看到磊磊的问题后心里比较着急。在磊磊又一次和同学发生冲突后,我见到了磊磊爸爸,磊磊爸爸显然耐心不够,脾气比较急躁,要出手打磊磊。而磊磊也在他出现后,情绪崩溃。

我意识到原生家庭是磊磊患有抑郁症的根本原因。父母对磊磊的期望很高,而磊磊爸爸脾气暴躁,在磊磊达不到父母的要求时,他会打骂磊磊。长期下来,磊磊的努力得不到肯定,精神高度紧张,不良情绪长期得不到合理调节,导致磊磊患上抑郁症。另外,磊磊发病是在初三寒假,初三的第二学期大家都居家学习,磊磊长期不和同学交流,再加上新生综合征,这些也导致了磊磊情绪失控。

家校共育对策及效果

在充分了解了磊磊的问题以及他的家庭教育情况后,我查阅了相关资料,咨询了有关领域的专家后,请磊磊父母来学校,就磊磊的心理问题进行了面对面的家校沟通。

首先,我表达了对磊磊病情的关心,并表达了对他们的困境和担忧的理解。同时,我也强调了学校和父母是合作关系。

其次,我向他们介绍为了改善磊磊的状况,学校和年级都提供了哪些支持,做出了哪些努力。

最后,我将自己查阅到的资料和专家的建议转达给磊磊父母,建议他们继续让磊磊接受专业的干预治疗。

针对磊磊当下的问题,我给出了一些具体的建议:

1.父母合理调整对磊磊的期望值,对磊磊的期望不要超出磊磊的实际能力。

2.爸爸在面对磊磊的时候,态度更理智、柔和一些。每天和磊磊聊聊天,了解他的思想动态,多表扬他的进步和长处。

3.多和老师沟通,家校合作双管齐下。

在这次沟通之后,磊磊爸爸向磊磊道歉,承认了自己的错误,并表示愿意控制自己的脾气,陪磊磊接受干预治疗。磊磊家以家庭为单位接受心理辅导,心理辅导医生每周都会提出专业的建议,父母都积极配合。

磊磊妈妈告诉我磊磊在班里喜欢谁,愿意和谁聊天,我便安排磊磊坐在他们附近,让他们带着磊磊融入班级,参与集体活动,适应集体生活。磊磊妈妈告诉我磊磊喜欢唱歌,喜欢动漫,我就创造机会让他去表现。比如,年级的合唱比赛,让磊磊担任领唱;班级的元旦联欢,让他打扮成动漫人物。那一刻,磊磊成了班级的明星,所有同学都争着和他合影。第一学期快结束的时候,磊磊给班里每个同学送了一颗巧克力,因为他觉得大家都对他特别好。

反思与总结

在和家长沟通孩子的心理问题时,要表达同理心,理解家长的困境和担忧,表明学校和家长的同盟关系;要让家长看到为了改善孩子的状况,学校和老师做了哪些努力,取得了哪些成果;老师要多向家长提供解决问题的途径和可利用的资源,多关注问题本身,而不是随意给孩子贴标签。学校、家庭、老师合力关心,共同守护孩子的心理健康。

"砸同学"与"砸自己"

高中部　张咏

案例描述

强子，高一学生，热爱劳动，乐于助人。有一次他和同学发生冲突，把水杯扔出去砸到了另一位同学。事件发生后，我与强子爸爸交流，他表示愿意带受伤孩子看医生，除此以外没有过多谈论此事。还有一次英语老师批评强子未及时完成任务，强子听后情绪激动，大哭，拿杯子砸自己。

强子是独生子，妈妈工作繁忙，爸爸木讷。强子说妈妈是女强人，爸爸是"阴阳人"——心情好的时候十分友善，心情不好的时候就"毁天灭地"。

高中学段是孩子自我意识进一步发展的时期，他们要求别人尊重自己，对别人的评价敏感，其自我评价具有片面性、不稳定性。强子喜欢孔武有力的人，这与他青春期身体发育有关：身形高大，健硕有力，但心理却没能与之匹配和协调发展。他自尊心强，渴望得到他人的认可和肯定，渴望在同学中有存在感，一旦感觉被否定和被冒犯，出于本能的自我保护心理，其行为反应机制就是动手，很大程度上这与他不善表达自己的情感，不会和人沟通有关。

家校共育对策及效果

我主要从以下三个方面采取措施：

1.与家长密切联系，逐渐转变家长的教育观念。在"砸同学"事件发生后，我联系到强子爸爸，告诉他强子的行为危及同学安全，希望他不要沉默，要对强子进行批评教育。同时告诉他家长不敢表达真实的情绪，孩子就学会了遇事噤若寒蝉，建议他觉察自己的情绪与行为方式并尝试做出改变。强子爸爸很有感触，他表示会从自己开始改变，并慢慢引导孩子改变。

2.等待，倾听孩子内心的真实感受。"砸自己"事件发生后，我问强子为啥砸自己，强子第一反应是久久的沉默。"强子，老师听说你砸自己，心疼你啊。"他的沉默有刹那的松动。"强子，能说说你当时的感受吗？"他情绪缓和了许多，说："我觉得内心很沮丧，但不知道怎么表达。"我有些明白，强子的话印证了我之前的一些推断，这孩子看起来"张牙舞爪",其实是在求助。"砸同学"是在表达"能不能照顾一下我的感受","砸自己"是在向老师表达自己的歉意：老师那么重视自己,想让自己在同学面前展示,自己却没及时完成任务,真是让老师失望了。

3.及时鼓励,提供良好的人际环境。强子爱"砸",同学们不免对他有一些负面评价。我开了一场主题为"情绪认知与表达"的班会,帮助孩子一起认识坏情绪,学会如何与坏情绪相处。强子作为劳动委员,爱劳动,乐于助人,我时不时地会当着全班同学的面表扬他的工作和进步情况,慢慢地,班上的同学也愈发肯定强子的优点。在开展班级活动时,经常能听到强子时不时传来的笑声。

反思与总结

家长遇事的处理方式会潜移默化影响到孩子,如果家长和孩子在处理问题时都是"闷葫芦",亲子关系可能会紧张。作为家长,要关注自己的情绪与行为方式,善于反省并做出改变。

帮助青春期孩子认识自己,对他们的身心发展有着非常重要的作用。压抑的情绪在青春期这个身心剧烈激荡的时期总会找到缺口爆发,爆发后的孩子甚至不知道自己怎么了,这是孩子的困惑,而我们不应该困惑。悦纳孩子,慎用道德评价,多倾听孩子的感受,有同理心,换个角度看：孩子的"张牙舞爪"其实是在求助,他渴望被"看见",渴望被肯定和接纳。

家校携手，帮助孩子战胜抑郁情绪

高中部　石丽娜

案例描述

小力是跆拳道特长生，但升入高中后，他对练习跆拳道失去了往日的热情，又因为经常胃不舒服、肚子疼等身体原因，总是一副萎靡不振的样子。然而，他十分要强，即使身体不舒服，也强迫自己完成训练任务。在学习上，他注意力不集中，记忆力下降，上课时，经常听着听着就趴在桌子上了。

小力父母是工薪阶层，他还有一个弟弟。我多次和小力妈妈交流，意识到了问题所在：小力经常失眠，导致身体不舒服，对自己的学习和训练没有信心。同时，他与同学关系紧张，很难融入班集体。小力父母因为工作忙，并且把重心放在照顾弟弟上，没有关注到孩子的情绪变化和失眠症状。

家校共育对策及效果

在充分了解小力的问题以及他的家庭教育情况后，我将收集的材料进行了详细整理，就小力的情绪问题和在校表现与小力父母进行了深入的家校线上沟通。

首先，向小力父母讲述我平时观察到的情况，告诉他们孩子经常性的肚子不舒服、失眠可能与孩子的情绪有很大的关系。

其次，通过委婉的方式让小力父母明白，情绪对孩子身体有很大的影响，要形成家校合力，在学校和家里都关注孩子的情绪，并耐心和孩子沟通，帮助孩子跨越情绪的障碍，重新建立信心。

针对小力当下的问题，我给出了一些具体的建议：

1.小力身体的不适很有可能来源于心理问题。小力已经看了很多个医生，但在身体方面一直没检查出病因，建议带小力去心理科检查心理问题。

2.父母需要多陪伴小力，关注小力的情绪和生理需求。父母需要多一些鼓励，让小力建立信心，不给小力施加太多压力。

在这次探讨之后，小力父母带小力去检查了心理问题，发现小力的确有抑郁的倾向，医生和心理老师都对小力进行了干预。有时候小力很想回家休息,父母也能理解,不再认为是小力不懂事。慢慢地,小力的身体情况有所改善,很少出现无精打采的状态。

经过跆拳道教练悉心的教导和老师、同学的鼓励,在6月初的比赛中,小力打赢了自上高中以来的第一场比赛,获得了冠军。小力在学习方面也有了主动性,经常向老师请教问题,积极为考试做准备。同学也主动和他交往,他感到了班级的温暖,打开了自己的心扉。

反思与总结

小力的转变是家校联合共同努力的结果。小力的改变有目共睹:他变得活泼开朗;因为休息好了,他在学习上更加投入,注意力集中,思维活跃,越来越有自信,越来越喜欢思考;他对体育训练恢复了热情,全身心地投入比赛中,赢得了高中以来的第一个冠军。小力的抑郁情绪可能还会出现,但是只要家校共同努力,任何困难都能够克服,家校携手定能帮助小力战胜抑郁情绪。

家以清芬涵养，校共德育馨香
——论家校合作的重要性和途径

高中部　李扬

案例描述

刚上高三的小秦表现出极强的恐惧心理，对于系统性重新回顾知识的恐惧、对于即将到来的高考的恐惧、对于未来不知应该选择什么专业的恐惧，这些恐惧在高三开学的第一个月，兜头而来。在重重压力下，原本全心向学、热情追梦的小伙子像个打了蔫儿的茄子，学习效率逐渐降低，和同学之间的交流也减少了，运动场上的矫健身影也少了他。

任课老师们关注到了小秦的学习状态逐渐滑落，问他原因，他只闷闷地说自己会调整好，请老师相信他。

小秦父母看在眼里、急在心里，亲子关系日趋紧张。小秦一回家就房门紧关，无意与父母交流。父母无法直接了解他的学习情况和心理状态，双方产生了从不曾有过的激烈言语冲突。

高中阶段，孩子面临较大的学业压力，学习模式与之前有着较大的不同，学习的主要途径由记忆转变为泛化。同时，孩子大多处于青春期，心理承压能力、人际交往能力、自我管理能力将直接影响学习成绩乃至未来的人生走向。在这种背景条件下，做好家校协同育人的重要性更为凸显。

家校共育对策及效果

我将高中阶段家校协同育人看作是一个项目式管理，在具体实践过程中，采用各种有效措施促使家长、学校、班主任协同合作，为学生的学业和成长提供更加全面、系统的德育支持，实现家庭、学校和社会资源的有机整合。我采取的措施有如下几点：

1.建立德育目标，引领学习生涯规划。我与小秦父母共同建立明确、可操作的德育目标，以指导小秦的日常行为和思想。总目标为"做一个有使命感的中国人"，现行阶段的小目标是"谨言慎行""敏而好问""仁爱有礼""知行合一"等，德育目标为"如盐入水"。我依据小秦的自身特点，帮助他认清短板，量身制订个性化的德育成长计划，并与小秦父母沟通他在学校的日常情况和学业进展。小秦父母在家庭中督导和陪伴小秦完成德育目标，落实学习生涯规划，避免家校学习状态割裂。

2.鼓励自我管理，善用学生管理和评价。根据小秦在高三表现出来的日常言行、思想动态、学业成绩、体育锻炼、社会实践等方面的实际情况，鼓励小秦用"登记簿"的方式进行日常自我管理，及时进行综合评价，多用鼓励、激励的方式，调动自己积极向上的内驱力。小秦将每天的学习、生活、心态的进步都记录在册，无论是"仁爱有礼"的乐于助人行为，还是"知行合一"出色完成晨读，日常点滴让小秦看见自己正在成长为"一个有使命感的中国人"。

3.密切沟通合作，提供德育辅导和支持。在开展工作的过程中，学校德育部门为老师订阅了《班主任》等德育书刊，我向小秦父母提供特别适合他们家庭情况的德育方面的论文和其他参考资料，并且鼓励他们了解德育方面的最新动态和趋势。

4.清芬涵养、德育馨香，鼓励家庭教育，制定家规家训。我适时利用家长会等契机，定期举办线上家长课堂，引导家长树立正确的教育观念，在家庭内部形成向上、稳定、正确的家风，并根据实际情况制定家规或家训，从而实现家庭内部的处事原则，帮助孩子树立正确的人生观、价值观、世界观。针对小秦的家庭情况，我建议小秦父母与小秦相处时要学会宽严相济、以身作则、善于倾听的教育方法，要求小秦做到的，父母首先就要做到。引导小秦父母反思自己，在家庭生活中是否给予了小秦说话的权利和机会，是否能够倾听小秦表达自己的所思所想。

反思与总结

作为班主任，在家校协同育人的项目式管理中，我起到了桥梁的作用，帮助父母和孩子之间互相理解、互相共情，引领父母更好地参与到对孩子的德育工作中来，同时努力提升孩子的内驱力，鼓励自我鞭策和教育，共同培养孩子成为德才兼备的当世君子。

家以清芬涵养，校共德育馨香。

同心同向，共育花开

高中部　刘晶晶

案例描述

从报到的第一天起，小羽就引起了我的注意。班里三十名学生，只有小羽没有准时到达报到场地，直到我给他打电话，他才说自己已经到了，但是找不到地方。等他终于到达场地后，就一直在玩手机，完全不关注会场情况。一次次接触下来，我发现小羽沉浸在自己的世界里，对外界毫不关心，更不会主动与他人交流。对于校规校纪，他从来听不进去，也不当回事。迟到、逃课、玩手机、上课睡觉、不交作业都是常态，对待同学也很不友好。

慢慢地，我了解到，小羽的父母离异，他跟着妈妈生活。小羽父母都是名校毕业，工作体面，社会地位也很高，对于孩子，他们的期待值自然也很高。小羽之前和妈妈的关系不是很好，直到近两年才稍有缓和，但依然不太愿意和妈妈深入交流。小羽妈妈认为自己的孩子是十分聪明优秀的，只要他愿意学，成绩一定能名列前茅。而且，她也认为自己的孩子很善良，善解人意，只是不善表达，比较害羞。

通过观察和沟通，我发现小羽的焦虑和不适，加上他之前的学习经历和自身的性格问题，导致他将自己封闭在自己的世界里，逃避现实，不愿意和外界交流，也对自己非常不自信。而对于孩子在初、高中的变化和不适应，小羽妈妈不以为意，她对自己的孩子过于乐观自信。

家校共育对策及效果

在了解了小羽的问题以及他的家庭教育情况后，我与小羽妈妈进行了一次面对面的家校沟通。通过小羽妈妈的描述，我了解了小羽的成长轨迹，了解了家长眼中的小羽是什么样子的，也了解了家长的困惑。同时，我也让小羽妈妈认识到老师和家长应该是在统一战线上的，我们有共同的目标，老师做的一切工作都是为了孩子好。只有目标相同，方向一致，家校才能形成合力，真正解决问题。

在与小羽妈妈交流的过程中，我摆事实，让她了解目前小羽的现实情况。同时，我也积极听取她的心声并及时予以回应，加以引导。青春期的孩子心理和生理变化都很大，老师和家长要学会做倾听者。亲子沟通要自然而然地找寻共同话题，而不是强制社交，要慢慢引导,从让孩子说,到让孩子愿意主动说,加深亲子之间的相互理解。初中和高中有很大的不同,我们必须从实际出发,面对现实,看清现状,帮助孩子顺利过渡并适应高中生活,克服内心的抵触和焦虑。家长要降低自己的期待值,耐心地陪伴,给予孩子支持与理解,给予他们成长和进步的时间和空间。孩子看到了家长的理解与支持,也会更愿意和家长分享自己的生活。

自此,小羽妈妈经常和我联系,我们共同分享小羽的每一点进步、每一个改变,共同讨论小羽今后应该努力的方向。经过一个学期的努力,小羽有了很大的变化,他能够清楚了解班级的规章制度并努力遵守,知道有问题第一时间找班主任,养成了一定的学习和生活习惯,学习也有了很大的进步。小羽妈妈对老师也充满了感激与信任,很多问题能够很容易地和老师达成共识。对小羽而言,他顺利完成了由初中向高中的过渡,完全适应了高中生活!

反思与总结

每一个孩子都是一朵花,各具特色。他们的性格特点、行为习惯、对待事物的观点及看法,都和其成长背景、家庭环境、家庭教育息息相关。

每个孩子的现状,都是成长的结果,也都关乎着他们的未来。我们要相信孩子,给予他们理解和支持,耐心陪伴他们成长。要学会倾听,让孩子相信老师。在孩子困惑和迷茫的时候,老师要成为他们的贴心知己,做他们的指路明灯。同时,老师也要努力让家长放心,获得家长的理解、信任和支持,家校携手形成合力,同心同向,才能为孩子们的成长保驾护航!

第五章

探索与思考

共赴一场教育的约会

小学部　解群

学生表现描述

四年级的孩子开始进入青春期的萌芽阶段，学习能力和情感能力都在快速发展。这一时期也是养成良好习惯和改变不良习惯的关键时期，随着孩子交往范围的扩大和认识能力的发展，他们的自我意识越来越强，变得很有主见，而很多孩子的主见开始向着非积极的方向发展。这个时候，学校、老师和父母的协同教育就变得尤其重要。

学生家庭背景

我校学生家庭条件大多比较好，父母学历也比较高，家庭教育的起点也相应很高。这对我们学校助力家庭教育方面也就有了更高的要求。

学生问题分析

一些孩子不求上进，因为在他们看来，父母早已帮他们安排好了一切。一些孩子逆反心理强，尤其爱和父母对着干，父母想不通为什么自己尽力给孩子创造了优越条件，可孩子却不争气。其实，家庭条件优越的孩子，也容易出现焦虑、忧郁、自闭、厌学、人格品行障碍等心理问题，这与家庭环境和父母的心态密切相关。

家校沟通设计

首先，我们组织老师进行全员家访，并且由多学科老师组成导师团，进行集体家访。在家访中，我们一方面向父母传达孩子在学校的情况和表现，另一方面向父母了解孩子在家的情况和表现，让双方都对孩子有更加深刻的了解和认识。

其次，向父母征集问题，并组织老师整理和解答。

最后，我们设计家庭教育问卷，进行科学调研，在调研的基础上制订进一步的家庭教育指导方案。

家庭教育指导

针对学生情况，经过前期沟通和调研，我们进行了一系列的家庭教育指导工作。

一是集体培训。让父母知道孩子所期待的父母是什么样的：

1.父母要杜绝语言暴力。

2.和孩子一起吃晚饭。

3.孩子"生病"，父母一定要"吃药"，父母改变，孩子才能改变。

4.教育孩子的前提是了解孩子。

5.做懂爱、会爱的父母。

6.不要当众教育孩子、批评孩子。

7.不要完全把孩子交给长辈或保姆。

8.不当孩子的面说老师不好。

二是专家讲座。让父母知道哪些方面是学校教育无法保证，而需要家庭教育重点关注的：

1.培养孩子良好的品行不能光靠老师。

2.孩子的不良习惯非一朝一夕改变的，需要家校共同努力。

3.老师可以教孩子读书的方法，但读书的兴趣和习惯的培养需要家校共同的努力。

4.培养孩子的意志不能光靠老师。

5.要给孩子长久的幸福感不能光靠老师。

三是好书推荐。《父母的格局》一书，是我们向父母推荐的第一本书，本书从父母的角度通俗易懂地介绍了现代家庭教育的一些问题和解决办法。

教育效果反馈

通过一系列的家庭教育活动，我们发现父母和孩子都有了变化。

父母方面：亲子相处的时间多了，陪伴质量也有提高；在孩子出现问题时，父母能更关注事情处理的过程，而不是只在乎结果；孩子有疑惑时，父母能教会孩子解决问题的方法；以前有很多父母总说"看看人家的孩子，再看看你……"，现在知道鼓励孩子做自己，相信自己的孩子是最棒的。

孩子方面：父母改变了，孩子就改变了。当父母从说教变成倾听的时候，孩子开始愿意交流了，因为他们感觉到了尊重，这是亲子关系改善的良好开端。孩子情绪也变得更稳定,因为他们感受了理解,也有了表达的出口。在稳定的情绪和良好的亲子关系基础上,再谈学习,孩子就有自己的追求了。其实每个孩子都有自己的梦想,只是需要被肯定。

反思与总结

在学校先进办学理念的指导下,从各年级学生的具体情况出发,进行家校共育行动指导是非常必要的,也是非常高效的。

1.我们的收获。过去的一年里,我们年级进行的每一项家庭教育活动,都获得了家长的好评,也能看到学生的变化。同时,老师对年级的统筹共育行动也非常支持,尤其是班主任老师,他们认为年级统筹可以帮助家长更好地理解班主任的工作,可以助力老师对家庭教育的指导。

2.可借鉴的做法。我们现在的四年级,有五百多名学生,他们有共性,也有个性。在家庭教育指导行动前一定要有科学的调研,在此基础上进行合理的规划。不仅要有高瞻远瞩的专家讲座,也要有接地气的年级整体情况反馈;既要有集体的家长会,也要有各学科老师组成的导师团进行多对一家访。而家长微茶座,将有共同需求的家庭约到一起,共同探讨、一起成长,作用不可或缺。向家长推荐教育相关的书籍、电影、戏剧等,对家庭教育也具有长期的指导性。

3.后期设想。我们计划群策群力,编写一本符合我区学生家庭需求、适合不同学段的《家庭活动手册》。同时,定期举办"家庭活动日",在校园里布置家庭活动场景,设计亲子活动。成立"学校家庭影院",让亲子互换角色,由孩子指定一个情景进行家庭戏剧表演。

家校共育,我们可以做的还有很多。一个好的老师,能在孩子的关键时期影响孩子多年,而父母的影响力是一辈子!父母永远是孩子的第一任老师,也是孩子永远的榜样。教育好孩子,是老师和父母最重要的事业。

打造社会稳定、高质量发展的基石

高中部　刘春祥

学生表现描述

在初中时，小军曾是父母及老师心中的骄傲，升入高中后，她依然保持了年级前十的成绩。但优秀的成绩给她带来了极大的压力，她放弃了许多娱乐活动，一心扑在学习上。由于过分关注成绩，小军太过紧张，导致睡眠不好，心跳过快，这又让她担心自己的身体会出问题。她想到自己才高一就如此，那到高三还了得？

学生家庭背景

小军父母都是普通工薪阶层，不懂心理学，听小军说了自己的苦恼和困惑后，他们认为这些都是正常的。小军发现从父母这里得不到答案，就向学校的心理辅导老师进行了求助。

学生问题分析

小军在求助时，话题一直围绕"如何能睡好觉？""学习很辛苦但成绩却不如意，怎么办？"等。心理老师第一次与她交谈时，教给她一些放松的技巧，并尝试让她回答几个问题：①你学习的目标是什么？②你学习的动力是什么？③你如何看待成绩？④二十年后你想做什么？

小军的答案是：①考大学。②赶超别人。③很怕成绩被别人赶超。④当前目标是大学，之后根本没有计划，二十年后更是空谈。

家校沟通设计

小军感到很茫然，考大学是她读书的终极目标，但她不知道为什么而读，特别是她仅仅把目标锁定在成绩和高考上，对未来人生几乎没思考。针对这种心态，心理老师与她重新探讨了学习目标和人生规划的问题，引导她对非理性的学习动力进行自我辩驳，帮助她正确看待高考，理性规划未来，并树立适合自己实际水平的心理期待。

家庭教育指导

经过几次沟通，小军逐渐意识到，没有合理规划人生、信念及方法的偏差给她带来越来越紧张的心态，导致历次考试成了负重的竞赛。生活中负面的情绪累积，严重影响了她的愉悦感。心理老师帮助她深入浅出地分析问题，给出建议，她也极力配合老师的指导，最终走出了心理阴霾。

通过努力，小军学会了正确调整自己的心态，认识到科学的人生规划和合理的学习心态才是成为未来合格社会公民的基本素养，而考试的目的，仅仅在于发现不足、及时改进，做到有的放矢即可，这样就无形中缓解了学业的压力。

教育效果反馈

小军最先向父母进行了求助，但几次尝试都没有得到回应。后来我与小军父母沟通，了解到其实他们并不是不愿回应，而是根本不敢回应，怕误导和加深孩子的焦虑，因此选择了回避，选择让时间去解决。

通过长期的学习探索及实践经验，我知道这种办法是不可取的，那么培训家长、提高站位、超前思维、跟进反馈、追踪调研等工作都需要部署到位。就此，我认为解决此类问题，学校、家庭和老师还可以有更多的思考空间和作为。

首先是校方的三改：一是改变家长学校模式，家长学校是由德育部门举办的，可以改为由家长和家委会举办，既体现真正的主体作用，又能把育儿、育人理念互融互通，发挥优秀家长的引领和示范效应；二是改传统家访单兵作战为集群响应，发挥导师团集体智慧，利用线上、线下多种渠道对孩子及家长进行立体全方位指导和引领；三是将家校共育模式升级为文化引领，在共同价值观基础上，以全新导向引领家校合作新模式探究，尝试信息数字化、智能科技化途径解决家长和孩子的心理诉求、思想障碍等急难愁困事宜，起到真正的强堡垒和后盾支撑作用。

其次是家方的三变：一是家长高位指教变为低位陪伴，放下姿态与孩子谈心聊天，不施压、不做作，一切顺其自然，让成长自然发生；二是家长由"后勤部长"变为"参谋总长"，衣食住行不再包办，仅提出合理化建议即可，引导孩子参与家庭事务和必要劳动，更利于成长；三是变"别人家的孩子"为"我的家长"，不再对别人评头论足，做孩子的榜样，做一个爱读书、爱学习、努力上进的好家长。

再次是老师的三种艺术：一是因材施教的艺术，每一个学生都是独一无二的个体，方法没有千篇，唯有对症下药甚至是一人一策，需要老师加强钻研方得其法；二是换位思考的艺术，多熟悉学生的家庭情况，将心比心，视如己出，认真帮助家长解决问题，自然合力共赢；三是沟通交流的艺术，老师与家长双向交流、多向互动，互换观点、互相尊重，语言亲切简练，建议合理、方法得当，则事半功倍。

最后是多方融通的问题：一是从管理学的角度分析，学校管理过程中有关各项决策、措施的制定有家长的参与，就会增强家长在学校管理中的主人翁意识和责任感；二是家校合作中家长通过家委会行使监督权，可以最大限度地保障学生的权利；三是家校合作使老师把与教育对象的成长密切关联的各方面因素联合起来，达成一致，形成合力，共同实现学生的和谐发展。基于此，在家校合作过程中，学校、老师、家长才能在各自的主场发挥真正的主导作用。

反思与总结

人才培养的短期效应和长期效应的区别，就在于既要着力于对学生学业的培养，更应着眼于对学生未来二三十年的长远引领和影响。换言之，当他们在三四十岁人生的黄金时间里，能够被社会持续需要，发挥顶梁柱不可替代的作用，做出更大贡献，才是社会稳定高质量发展的真正基石。作为教育工作者，我们当义不容辞为之奋斗。

家长失责，孩子自弃
——一个失败的家校教育案例的思考

高中部　信旭东

学生表现描述

2020年秋季，我接手了一个高三的班级，这个班学风浓厚，学生成绩优异，习惯良好。不久，一个略显特殊的孩子小轩进入我的视线，他高大帅气，喜欢打篮球，听说高二时还是年级学生会的成员。但他对父母非常不尊重，在校园里曾经被人看见他让父母拎着书包，还大声呵斥父母。他的行为习惯不好，经常迟到，甚至逃课打篮球。他中午不吃饭，下午饿了就到办公室随意拿起老师的食品就吃。诸如此类，不胜枚举。

学生家庭背景

小轩从小在爷爷家长大，初中才回到自己家里生活。他的父母知识水平一般，脾气不好，管教他的方式简单粗暴，有时一味妥协，有时严厉管教，方法极端，比如把家门打开大骂他，连邻居家都能听见。所以，他对父母的说教和管束非常排斥，拒不合作。

学生问题分析

小轩晚上玩游戏到很晚，白天在校总是昏睡。我跟他谈话，他的态度很好，但就是不改。他对生活没有目标和方向，只想混日子，对家长抱有很强的敌意。小轩妈妈承认自己脾气不好，方法简单粗暴，但是对于孩子的自暴自弃也是非常伤心且无力。

家校沟通设计

在家上网课期间，小轩彻底堕落，跟老师几乎失联，偶尔回复老师的话也是敷衍。有一天，小轩父母告诉我孩子要放弃高考，他们束手无策。我跟小轩谈话，甚至帮他联系了一个心理医生，但情况没有好转。

家庭教育指导

最终,小轩放弃了高考。高考之后,我和小轩妈妈见面,表达了自己的观点:小轩在爷爷家被溺爱长大,缺乏规矩意识且跟父母感情淡泊。回到自己家庭后,父母管教方式粗暴,伤害了他的自尊心,于是他放弃父母最看重的高考来报复。小轩妈妈听完,流下了泪水。

后来,小轩父母想让孩子补习,我帮着推荐了几所学校,但不知最后到底怎么样。今年冬天,我在体育中心看见小轩,他胖了很多,整个人也没有了年轻人的朝气。

教育效果反馈

在我们了解一个孩子的学习情况时,往往离不开调查他们的家庭教育。那些学习态度端正、成绩优秀的孩子很大部分都来自良好的家庭教育环境。作为教育工作者,我们需要向家长传授正确的家庭教育观点和方法,加强家校联系,从而让孩子真正健康快乐地成长。家校沟通,共同育人,是一项大课题,是一项艰巨的挑战,当然就有失败的风险。希望我们能从这个失败的案例中吸取经验教训,让类似的家庭和孩子走出这种困境。

反思与总结

这个案例让人痛心,我从三个层面对原因进行了总结:

家庭层面。孩子在成长关键期时由祖辈带大,受到了无原则的溺爱,缺少规矩约束和集体意识培养。后来家长发现孩子叛逆,采用打骂的方法,简单粗暴,没有起到良好的示范作用,导致孩子逆反,自毁前程。

学生层面。孩子缺少自律,沉迷于手机和电脑游戏,无法融入集体中,缺乏毅力,偶尔有目标时,也会在小困难面前退缩、逃避。

学校层面。作为老师,我没有走进孩子内心,没有及时发现问题的严重性,即使采用了谈话沟通、批评教育、动员同学帮助、与家长共商策略等做法,最终也没有起到有效的作用。

附录

中华人民共和国家庭教育促进法

（2021年10月23日第十三届全国人民代表大会
常务委员会第三十一次会议通过）

目 录

第一章　总　　则

第二章　家庭责任

第三章　国家支持

第四章　社会协同

第五章　法律责任

第六章　附　　则

第一章　总　则

第一条　为了发扬中华民族重视家庭教育的优良传统，引导全社会注重家庭、家教、家风，增进家庭幸福与社会和谐，培养德智体美劳全面发展的社会主义建设者和接班人，制定本法。

第二条　本法所称家庭教育，是指父母或者其他监护人为促进未成年人全面健康成长，对其实施的道德品质、身体素质、生活技能、文化修养、行为习惯等方面的培育、引导和影响。

第三条　家庭教育以立德树人为根本任务，培育和践行社会主义核心价值观，弘扬中华民族优秀传统文化、革命文化、社会主义先进文化，促进未成年人健康成长。

第四条　未成年人的父母或者其他监护人负责实施家庭教育。

国家和社会为家庭教育提供指导、支持和服务。

国家工作人员应当带头树立良好家风，履行家庭教育责任。

第五条　家庭教育应当符合以下要求：

（一）尊重未成年人身心发展规律和个体差异；

（二）尊重未成年人人格尊严，保护未成年人隐私权和个人信息，保障未成年人合法权益；

（三）遵循家庭教育特点，贯彻科学的家庭教育理念和方法；

（四）家庭教育、学校教育、社会教育紧密结合、协调一致；

（五）结合实际情况采取灵活多样的措施。

第六条　各级人民政府指导家庭教育工作，建立健全家庭学校社会协同育人机制。县级以上人民政府负责妇女儿童工作的机构，组织、协调、指导、督促有关部门做好家庭教育工作。

教育行政部门、妇女联合会统筹协调社会资源，协同推进覆盖城乡的家庭教育指导服务体系建设，并按照职责分工承担家庭教育工作的日常事务。

县级以上精神文明建设部门和县级以上人民政府公安、民政、司法行政、人力资源和社会保障、文化和旅游、卫生健康、市场监督管理、广播电视、体育、新闻出版、网信等有关部门在各自的职责范围内做好家庭教育工作。

第七条　县级以上人民政府应当制定家庭教育工作专项规划，将家庭教育指导服务纳入城乡公共服务体系和政府购买服务目录，将相关经费列入财政预算，鼓励和支持以政府购买服务的方式提供家庭教育指导。

第八条　人民法院、人民检察院发挥职能作用，配合同级人民政府及其有关部门建立家庭教育工作联动机制，共同做好家庭教育工作。

第九条　工会、共产主义青年团、残疾人联合会、科学技术协会、关心下一代工作委员会以及居民委员会、村民委员会等应当结合自身工作，积极开展家庭教育工作，为家庭教育提供社会支持。

第十条　国家鼓励和支持企业事业单位、社会组织及个人依法开展公益性家庭教育服务活动。

第十一条　国家鼓励开展家庭教育研究，鼓励高等学校开设家庭教育专业课程，支持师范院校和有条件的高等学校加强家庭教育学科建设，培养家庭教育服务专业人才，开展家庭教育服务人员培训。

第十二条　国家鼓励和支持自然人、法人和非法人组织为家庭教育事业进行捐赠或者提供志愿服务，对符合条件的，依法给予税收优惠。

国家对在家庭教育工作中做出突出贡献的组织和个人，按照有关规定给予表彰、奖励。

第十三条　每年5月15日国际家庭日所在周为全国家庭教育宣传周。

第二章 家庭责任

第十四条 父母或者其他监护人应当树立家庭是第一个课堂、家长是第一任老师的责任意识，承担对未成年人实施家庭教育的主体责任，用正确思想、方法和行为教育未成年人养成良好思想、品行和习惯。

共同生活的具有完全民事行为能力的其他家庭成员应当协助和配合未成年人的父母或者其他监护人实施家庭教育。

第十五条 未成年人的父母或者其他监护人及其他家庭成员应当注重家庭建设，培育积极健康的家庭文化，树立和传承优良家风，弘扬中华民族家庭美德，共同构建文明、和睦的家庭关系，为未成年人健康成长营造良好的家庭环境。

第十六条 未成年人的父母或者其他监护人应当针对不同年龄段未成年人的身心发展特点，以下列内容为指引，开展家庭教育：

（一）教育未成年人爱党、爱国、爱人民、爱集体、爱社会主义，树立维护国家统一的观念，铸牢中华民族共同体意识，培养家国情怀；

（二）教育未成年人崇德向善、尊老爱幼、热爱家庭、勤俭节约、团结互助、诚信友爱、遵纪守法，培养其良好社会公德、家庭美德、个人品德意识和法治意识；

（三）帮助未成年人树立正确的成才观，引导其培养广泛兴趣爱好、健康审美追求和良好学习习惯，增强科学探索精神、创新意识和能力；

（四）保证未成年人营养均衡、科学运动、睡眠充足、身心愉悦，引导其养成良好生活习惯和行为习惯，促进其身心健康发展；

（五）关注未成年人心理健康，教导其珍爱生命，对其进行交通出行、健康上网和防欺凌、防溺水、防诈骗、防拐卖、防性侵等方面的安全知识教育，帮助其掌握安全知识和技能，增强其自我保护的意识和能力；

（六）帮助未成年人树立正确的劳动观念，参加力所能及的劳动，提高生活自理能力和独立生活能力，养成吃苦耐劳的优秀品格和热爱劳动的良好习惯。

第十七条 未成年人的父母或者其他监护人实施家庭教育，应当关注未成年人的生理、心理、智力发展状况，尊重其参与相关家庭事务和发表意见的权利，合理运用以下方式方法：

（一）亲自养育，加强亲子陪伴；

（二）共同参与，发挥父母双方的作用；

（三）相机而教，寓教于日常生活之中；

（四）潜移默化，言传与身教相结合；

（五）严慈相济，关心爱护与严格要求并重；

（六）尊重差异，根据年龄和个性特点进行科学引导；

（七）平等交流，予以尊重、理解和鼓励；

（八）相互促进，父母与子女共同成长；

（九）其他有益于未成年人全面发展、健康成长的方式方法。

第十八条　未成年人的父母或者其他监护人应当树立正确的家庭教育理念，自觉学习家庭教育知识，在孕期和未成年人进入婴幼儿照护服务机构、幼儿园、中小学校等重要时段进行有针对性的学习，掌握科学的家庭教育方法，提高家庭教育的能力。

第十九条　未成年人的父母或者其他监护人应当与中小学校、幼儿园、婴幼儿照护服务机构、社区密切配合，积极参加其提供的公益性家庭教育指导和实践活动，共同促进未成年人健康成长。

第二十条　未成年人的父母分居或者离异的，应当相互配合履行家庭教育责任，任何一方不得拒绝或者怠于履行；除法律另有规定外，不得阻碍另一方实施家庭教育。

第二十一条　未成年人的父母或者其他监护人依法委托他人代为照护未成年人的，应当与被委托人、未成年人保持联系，定期了解未成年人学习、生活情况和心理状况，与被委托人共同履行家庭教育责任。

第二十二条　未成年人的父母或者其他监护人应当合理安排未成年人学习、休息、娱乐和体育锻炼的时间，避免加重未成年人学习负担，预防未成年人沉迷网络。

第二十三条　未成年人的父母或者其他监护人不得因性别、身体状况、智力等歧视未成年人，不得实施家庭暴力，不得胁迫、引诱、教唆、纵容、利用未成年人从事违反法律法规和社会公德的活动。

第三章　国家支持

第二十四条　国务院应当组织有关部门制定、修订并及时颁布全国家庭教育指导大纲。

省级人民政府或者有条件的设区的市级人民政府应当组织有关部门编写或者采用适合当地实际的家庭教育指导读本，制定相应的家庭教育指导服务工作规范和评估规范。

第二十五条　省级以上人民政府应当组织有关部门统筹建设家庭教育信息化共享服务平台,开设公益性网上家长学校和网络课程,开通服务热线,提供线上家庭教育指导服务。

第二十六条　县级以上地方人民政府应当加强监督管理,减轻义务教育阶段学生作业负担和校外培训负担,畅通学校家庭沟通渠道,推进学校教育和家庭教育相互配合。

第二十七条　县级以上地方人民政府及有关部门组织建立家庭教育指导服务专业队伍,加强对专业人员的培养,鼓励社会工作者、志愿者参与家庭教育指导服务工作。

第二十八条　县级以上地方人民政府可以结合当地实际情况和需要,通过多种途径和方式确定家庭教育指导机构。

家庭教育指导机构对辖区内社区家长学校、学校家长学校及其他家庭教育指导服务站点进行指导,同时开展家庭教育研究、服务人员队伍建设和培训、公共服务产品研发。

第二十九条　家庭教育指导机构应当及时向有需求的家庭提供服务。

对于父母或者其他监护人履行家庭教育责任存在一定困难的家庭,家庭教育指导机构应当根据具体情况,与相关部门协作配合,提供有针对性的服务。

第三十条　设区的市、县、乡级人民政府应当结合当地实际采取措施,对留守未成年人和困境未成年人家庭建档立卡,提供生活帮扶、创业就业支持等关爱服务,为留守未成年人和困境未成年人的父母或者其他监护人实施家庭教育创造条件。

教育行政部门、妇女联合会应当采取有针对性的措施,为留守未成年人和困境未成年人的父母或者其他监护人实施家庭教育提供服务,引导其积极关注未成年人身心健康状况、加强亲情关爱。

第三十一条　家庭教育指导机构开展家庭教育指导服务活动,不得组织或者变相组织营利性教育培训。

第三十二条　婚姻登记机构和收养登记机构应当通过现场咨询辅导、播放宣传教育片等形式,向办理婚姻登记、收养登记的当事人宣传家庭教育知识,提供家庭教育指导。

第三十三条　儿童福利机构、未成年人救助保护机构应当对本机构安排的寄养家庭、接受救助保护的未成年人的父母或者其他监护人提供家庭教育指导。

第三十四条　人民法院在审理离婚案件时,应当对有未成年子女的夫妻双方提供家庭教育指导。

第三十五条　妇女联合会发挥妇女在弘扬中华民族家庭美德、树立良好家风等方面的独特作用,宣传普及家庭教育知识,通过家庭教育指导机构、社区家长学校、文明家庭建设等多种渠道组织开展家庭教育实践活动,提供家庭教育指导服务。

第三十六条　自然人、法人和非法人组织可以依法设立非营利性家庭教育服务机构。

县级以上地方人民政府及有关部门可以采取政府补贴、奖励激励、购买服务等扶持措施,培育家庭教育服务机构。

教育、民政、卫生健康、市场监督管理等有关部门应当在各自职责范围内,依法对家庭教育服务机构及从业人员进行指导和监督。

第三十七条　国家机关、企业事业单位、群团组织、社会组织应当将家风建设纳入单位文化建设,支持职工参加相关的家庭教育服务活动。

文明城市、文明村镇、文明单位、文明社区、文明校园和文明家庭等创建活动,应当将家庭教育情况作为重要内容。

第四章　社会协同

第三十八条　居民委员会、村民委员会可以依托城乡社区公共服务设施,设立社区家长学校等家庭教育指导服务站点,配合家庭教育指导机构组织面向居民、村民的家庭教育知识宣传,为未成年人的父母或者其他监护人提供家庭教育指导服务。

第三十九条　中小学校、幼儿园应当将家庭教育指导服务纳入工作计划,作为教师业务培训的内容。

第四十条　中小学校、幼儿园可以采取建立家长学校等方式,针对不同年龄段未成年人的特点,定期组织公益性家庭教育指导服务和实践活动,并及时联系、督促未成年人的父母或者其他监护人参加。

第四十一条　中小学校、幼儿园应当根据家长的需求,邀请有关人员传授家庭教育理念、知识和方法,组织开展家庭教育指导服务和实践活动,促进家庭与学校共同教育。

第四十二条　具备条件的中小学校、幼儿园应当在教育行政部门的指导下,为家庭教育指导服务站点开展公益性家庭教育指导服务活动提供支持。

第四十三条　中小学校发现未成年学生严重违反校规校纪的,应当及时制止、管教,告知其父母或者其他监护人,并为其父母或者其他监护人提供有针对性的家庭教育指导服务;发现未成年学生有不良行为或者严重不良行为的,按照有关法律规定处理。

第四十四条　婴幼儿照护服务机构、早期教育服务机构应当为未成年人的父母或者其他监护人提供科学养育指导等家庭教育指导服务。

第四十五条　医疗保健机构在开展婚前保健、孕产期保健、儿童保健、预防接种等服务时，应当对有关成年人、未成年人的父母或者其他监护人开展科学养育知识和婴幼儿早期发展的宣传和指导。

第四十六条　图书馆、博物馆、文化馆、纪念馆、美术馆、科技馆、体育场馆、青少年宫、儿童活动中心等公共文化服务机构和爱国主义教育基地每年应当定期开展公益性家庭教育宣传、家庭教育指导服务和实践活动，开发家庭教育类公共文化服务产品。

广播、电视、报刊、互联网等新闻媒体应当宣传正确的家庭教育知识，传播科学的家庭教育理念和方法，营造重视家庭教育的良好社会氛围。

第四十七条　家庭教育服务机构应当加强自律管理，制定家庭教育服务规范，组织从业人员培训，提高从业人员的业务素质和能力。

第五章　法律责任

第四十八条　未成年人住所地的居民委员会、村民委员会、妇女联合会，未成年人的父母或者其他监护人所在单位，以及中小学校、幼儿园等有关密切接触未成年人的单位，发现父母或者其他监护人拒绝、怠于履行家庭教育责任，或者非法阻碍其他监护人实施家庭教育的，应当予以批评教育、劝诫制止，必要时督促其接受家庭教育指导。

未成年人的父母或者其他监护人依法委托他人代为照护未成年人，有关单位发现被委托人不依法履行家庭教育责任的，适用前款规定。

第四十九条　公安机关、人民检察院、人民法院在办理案件过程中，发现未成年人存在严重不良行为或者实施犯罪行为，或者未成年人的父母或者其他监护人不正确实施家庭教育侵害未成年人合法权益的，根据情况对父母或者其他监护人予以训诫，并可以责令其接受家庭教育指导。

第五十条　负有家庭教育工作职责的政府部门、机构有下列情形之一的，由其上级机关或者主管单位责令限期改正；情节严重的，对直接负责的主管人员和其他直接责任人员依法予以处分：

（一）不履行家庭教育工作职责；

（二）截留、挤占、挪用或者虚报、冒领家庭教育工作经费；

（三）其他滥用职权、玩忽职守或者徇私舞弊的情形。

第五十一条　家庭教育指导机构、中小学校、幼儿园、婴幼儿照护服务机构、早期教育服务机构违反本法规定,不履行或者不正确履行家庭教育指导服务职责的,由主管部门责令限期改正;情节严重的,对直接负责的主管人员和其他直接责任人员依法予以处分。

第五十二条 家庭教育服务机构有下列情形之一的,由主管部门责令限期改正;拒不改正或者情节严重的,由主管部门责令停业整顿、吊销营业执照或者撤销登记:

(一)未依法办理设立手续;

(二)从事超出许可业务范围的行为或作虚假、引人误解宣传,产生不良后果;

(三)侵犯未成年人及其父母或者其他监护人合法权益。

第五十三条 未成年人的父母或者其他监护人在家庭教育过程中对未成年人实施家庭暴力的,依照《中华人民共和国未成年人保护法》《中华人民共和国反家庭暴力法》等法律的规定追究法律责任。

第五十四条 违反本法规定,构成违反治安管理行为的,由公安机关依法予以治安管理处罚;构成犯罪的,依法追究刑事责任。

第六章 附 则

第五十五条 本法自2022年1月1日起施行。

教育部等十三部门关于健全学校家庭社会协同育人机制的意见

教基〔2022〕7号

各省、自治区、直辖市教育厅（教委）、党委宣传部、网信办、文明办、公安厅（局）、民政厅（局）、文化和旅游厅（局）、文物局、妇儿工委办公室、团委、妇联、关工委、科协，新疆生产建设兵团教育局、党委宣传部、网信办、文明办、公安局、民政局、文化体育广电和旅游局、文物局、妇儿工委办公室、团委、妇联、关工委、科协：

健全学校家庭社会协同育人机制是党中央、国务院作出的重要决策部署，事关学生全面发展健康成长，事关国家发展和民族未来。近年来，各地积极探索推进学校家庭社会协同育人，取得了明显成效，但还存在职责定位不够清晰、协同机制不够健全、条件保障不够到位等突出问题。为认真贯彻落实党的二十大精神，根据《中华人民共和国家庭教育促进法》《中华人民共和国未成年人保护法》等有关规定，现就健全学校家庭社会协同育人机制提出如下意见。

一、总体要求

1.指导思想。坚持以习近平新时代中国特色社会主义思想为指导，认真贯彻落实习近平总书记关于教育和注重家庭家教家风建设的重要论述，全面贯彻党的教育方针，落实立德树人根本任务，弘扬中华优秀传统文化，坚持科学教育观念，增强协同育人共识，积极构建学校家庭社会协同育人新格局，着力培养德智体美劳全面发展的社会主义建设者和接班人。

2.工作原则。

——坚持育人为本。用新时代党的创新理论铸魂育人，广泛践行社会主义核心价值观，遵循学生成长规律和教育规律，深入落实"双减"政策，大力发展素质教育。

——坚持政府统筹。充分发挥政府统筹协调作用，加强系统谋划，推动部门联动，强化条件保障，促进资源共享和协同育人有效实施。

——坚持协同共育。明确学校家庭社会协同育人责任，完善工作机制，促进各展优势、密切配合、相互支持，切实增强育人合力，共同担负起学生成长成才的重要责任。

——坚持问题导向。强化专业指导，鼓励实践探索，着力解决制度建设、指导服务、条件保障等方面存在的突出问题，不断增强协同育人的科学性、针对性、实效性。

3.主要目标。到"十四五"时期末，政府对学校家庭社会协同育人工作的统筹领导更加有力，制度体系基本建立健全。学校积极主导、家庭主动尽责、社会有效支持的协同育人机制更加完善，促进学生全面发展健康成长的良好氛围更加浓厚。学校教育主阵地作用进一步强化，家庭教育指导服务更加专业；家长科学育儿观念基本树立，履行家庭教育主体责任更加到位；城乡社区家庭教育指导服务站点普遍建立，社会育人资源利用更加充分。到2035年，形成定位清晰、机制健全、联动紧密、科学高效的学校家庭社会协同育人机制。

二、学校充分发挥协同育人主导作用

4.及时沟通学生情况。学校是教书育人的主阵地，要认真履行教育教学职责，全面掌握并向家长及时沟通学生在校期间的思想情绪、学业状况、行为表现和身心发展等情况，同时向家长了解学生在家中的有关情况。积极创新日常沟通途径，通过家庭联系册、电话、微信、网络等方式，保持学校与家庭的常态化密切联系，帮助家长及时了解学生在校日常表现；要认真落实家访制度，学校领导要带头开展家访，班主任每学年对每名学生至少开展1次家访，鼓励科任教师有针对性开展家访。

5.加强家庭教育指导。学校要把做好家庭教育指导服务作为重要职责，纳入学校工作计划，充分发挥学校专业指导优势；切实加强教师家庭教育指导能力建设，将教师家庭教育指导水平与绩效纳入教师考评体系。建立健全学校家庭教育指导委员会、家长学校和家长委员会，落实家长会、学校开放日、家长接待日等制度。鼓励有条件的学校建立网上家长学校，积极开发提供家庭教育指导资源，并指导家长提升网络素养，帮助孩子养成良好用网习惯。每学期至少组织2次家庭教育指导活动，积极宣传科学教育理念、重大教育政策和家庭教育知识，介绍学校教育教学情况，回应家长普遍关心的问题；同时针对不同家庭的个性化需要提供具体指导，特别关注农村留守儿童、残疾儿童、孤儿和特殊家庭儿童等困境儿童。充分发挥家长委员会的桥梁纽带作用，以多种形式听取家长对学校工作的意见建议；加强家长委员会工作指导，明晰工作职责，完善工作制度，规范工作行为，严格家长通讯群组信息发布管理，严禁以家长委员会名义违规收费。

6.用好社会育人资源。学校要把统筹用好各类社会资源作为强化实践育人的重要途径，积极拓展校外教育空间，着力培养学生社会责任感、创新精神和实践能力。要主动加强同社会有关单位的联系沟通，建立相对稳定的社会实践教育基地和资源目录清单，依据不同基地资源情况联合开发社会实践课程，有针对性地常态化开展共青团和少先队活动、劳动教育、实践教学、志愿服务、法治教育、安全教育和研学活动等。要积极邀请"五老"、劳动模范、道德模范、时代楷模、各类精神文明先进代表、德艺双馨的艺术家等到学校开展宣讲教育活动。要充分利用共青团和少先队、关工委、科协、体育、文化和旅游等方面资源，通过"请进来、走出去"的方式，有效丰富学校课堂和课后服务内容，更好满足学生多样化学习需求。

三、家长切实履行家庭教育主体责任

7.提高家庭教育水平。家长要强化家庭是第一个课堂、家长是第一任老师的责任意识，注重家庭建设，坚持以身作则、言传身教，培育向上向善家庭文化，积极传承优良家风，弘扬中华民族家庭美德，构建和谐和睦家庭关系，为子女健康成长创造良好家庭环境。要树立科学家庭教育观念，遵循素质教育理念和未成年人身心发展规律，注重培养子女良好思想品德、行为习惯和健康身心，促进其全面发展；尊重个体差异，理性确定子女成长目标。要掌握正确家庭教育方法，家长要对子女多陪伴多关爱，注重积极的亲子互动，发挥潜移默化的道德启蒙作用；要多引导多鼓励，注重加强素质培育和良好习惯养成；要多尊重多理解，加强平等沟通，讲究教育方式方法；要多提醒多帮助，对不良行为要及时劝诫、制止和管教，切实做到严慈相济，促进子女更好独立自主成长。留守儿童家长要定期与子女保持联系，给予关心关爱，及时将委托照护情况书面告知子女所在学校和实际居住地的居民委员会、村民委员会。

8.主动协同学校教育。家长要积极参加学校组织的家庭教育指导和家校互动活动，自觉学习家庭教育知识和方法，主动参与家长委员会有关工作，充分理解学校正常教育教学工作，积极配合学校依法依规严格管理教育学生。要及时主动向学校沟通子女在家中的思想情绪、身心状况和日常表现，形成良性双向互动。家长要引导子女完成每日学业，进行必要的课业学习；开展适宜的体育锻炼，保证每天校外运动一小时；进行有益的课外阅读，培养阅读习惯，因地制宜开展形式多样的艺术趣味活动；从事力所能及的家务劳动,增强动手能力。引导子女合理使用电子产品,控制使用时长,防止网络沉迷,保护视力健康,防控子女近视;保障子女营养均衡,督促子女按时就寝,促进子女保持良好身心状况和旺盛学习精力。切实履行法定监护职责,会同学校加强子女安全教育,提高安全防范意识和能力。

9.引导子女体验社会。家长要充分认识社会实践大课堂对子女教育的重要作用,根据子女年龄情况,主动利用节假日、休息日等闲暇时间带领或支持子女开展户外活动和参观游览,积极参加多种形式的文明实践、社会劳动、志愿服务、职业体验以及文化艺术、科普体育、手工技能等实践活动,帮助子女更好亲近自然、开阔眼界、增长见识、提高素质。

四、社会有效支持服务全面育人

10.完善社会家庭教育服务体系。将家庭教育指导作为城乡社区公共服务重要内容,积极构建普惠性家庭教育公共服务体系。支持居民委员会、村民委员会依托城乡社区公共服务设施,建设覆盖城乡社区的家长学校等家庭教育指导服务站点,积极配备专兼结合的专业指导人员,配合家庭教育指导机构有针对性地做好指导服务,重点关注留守儿童、残疾儿童和特殊家庭儿童。婚姻登记机构和收养登记机构应通过现场咨询辅导、播放宣传教育片等形式,向当事人宣传家庭教育知识。公共文化服务机构每年要定期开展公益性家庭教育宣传与指导服务活动。开放大学、老年大学、社区学院等单位应设立家庭教育指导课程,积极发挥指导作用。

11.推进社会资源开放共享。社区要面向中小学生积极开展各种公益性课外实践活动,促进学生身体健康,增强社会责任感。各类爱国主义教育基地、法治教育基地、研学实践基地、科普教育基地和图书馆、博物馆、文化馆、非遗馆、美术馆、纪念馆、科技馆、演出场馆、体育场馆、国家公园、青少年宫、儿童活动中心等,要面向中小学生及学龄前儿童免费或优惠开放;常态开展宣传教育、科学普及、文化传承、兴趣培养和实践体验等活动,并通过设立绿色通道、线上预约、开放日等方式,为学校、幼儿园组织学生及幼儿或家长带领子女来开展活动提供便利。鼓励支持社会有关方面提供寓教于乐的优秀儿童文化精品,引导创作满足青少年审美需求的电影、电视剧、纪录片、动画片及舞台艺术等优秀文艺作品,持续推动"高雅艺术进校园""戏曲进校园"等工作,传承弘扬中华优秀传统文化,丰富学生精神文化生活,提升学生审美鉴赏能力。

12.净化社会育人环境。深入开展儿童图书、音像等出版物清理整顿,健全网络综合治理体系,加大网络有害信息、网络游戏沉迷、不良网络行为治理力度,严肃查处违法违规网站平台,督促企业严格落实主体责任,着力打造有利于青少年健康成长的清朗社会文化及良好网络生态。要建立多部门协调配合的学校安全工作机制,加强校园周边环境治理,强化安全风险防控,不得在学校周边设置营业性娱乐场所和酒吧、互联网上网服务营业场所等不适宜未成年人活动的场所;依法依规妥善处理学校安全事故纠纷,切实保障学校和师生合法权益。深化各类校外培训治理,严禁社会机构以研学实践、夏(冬)令营等名义开展校外培训活动,坚决查处违法违规行为。

五、强化实施保障

13.加强组织领导。各地各相关部门要将构建学校家庭社会协同育人机制作为贯彻落实党中央、国务院决策部署的重大政治任务,强化党委领导、政府统筹,纳入重要工作日程,加强组织协调、部门联动,完善经费条件保障,积极推动健全学校家庭社会密切协同的育人机制;按照《中华人民共和国家庭教育促进法》的有关规定,县级以上地方人民政府要确定本地家庭教育指导机构,组织建立家庭教育指导服务专业队伍。政府妇女儿童工作机构负责组织、协调、指导、督促做好家庭教育工作;教育部门负责指导学校切实发挥好协同育人主导作用,强化与家庭、社会密切沟通协作;共青团、少先队组织负责在学校、社会广泛开展实践活动;妇联组织、民政部门负责社区家庭教育指导服务站点建设;其他有关部门在各自职责范围内做好社会协同育人工作。将学校家庭社会协同育人工作成效纳入政府履行教育职责评价和教育质量评价重要内容,纳入文明创建活动、未成年人思想道德建设和未成年人保护工作考核体系。

14.强化专业支撑。推动有关高等院校、科研机构、专业团体开展学校家庭社会协同育人理论与实践研究,加强理论建设与专业人才培养,积极推进家庭教育指导专家队伍建设。完善师范生培养课程体系,将家庭教育指导纳入师范生培养和教师业务培训重要内容,加强城乡社区家庭教育指导服务站点工作人员培训,切实提高教师和社区家庭教育指导服务水平。鼓励高等院校面向大学生开设家庭教育选修课。支持有关研究机构和各级各类学校积极开展家庭教育指导课程体系建设,开发汇聚优质家庭教育资源,不断拓展国家中小学智慧教育平台和全国网上家长学校服务功能,面向广大家长开设家庭教育网络公益公开课,促进优质家庭教育资源共建共享和推广应用。

15.营造良好氛围。各地要积极探索、不断总结、大力推广学校家庭社会协同育人有效模式、创新做法和先进经验，积极推进协同育人实验区建设，切实发挥示范引领作用。充分发挥主流媒体作用，积极借助各类传播平台，深入宣传学校家庭社会协同育人的政策举措、实际成效和典型案例，广泛传播科学教育理念和正确家庭教育方法，强化正面宣传和舆论引导，大力营造全社会各方面关心支持协同育人的良好氛围。

教育部 中央宣传部 中央网信办

中央文明办 公安部 民政部

文化和旅游部 国家文物局 国务院妇儿工委办公室

共青团中央 全国妇联

中国关工委 中国科协

2023年1月13日

双向奔赴 静待花开
人大附中北京经济技术开发区学校家校共育案例集

全国家庭教育指导大纲（修订）*

为深入贯彻习近平总书记关于家庭教育的重要指示精神，落实全国教育大会精神，按照新时代党和政府对家庭教育以及未成年人思想道德建设工作的部署和要求，进一步深化家庭教育指导服务，提高全国家庭教育总体水平，促进儿童全面健康成长，依据《中华人民共和国宪法》及《中华人民共和国未成年人保护法》等相关法律法规，修订《全国家庭教育指导大纲》（以下简称《大纲》）。

一、适用范围

《大纲》适用于各级各类家庭教育指导机构、相关职能部门、社会团体、宣传媒体和家庭教育指导者，对新婚夫妇、孕妇、18岁以下儿童家长（父母或其他监护人）开展的家庭教育指导服务行为。

二、指导原则

家庭教育指导是指相关机构和人员为提高家长教育子女能力而提供的专业性支持服务和引导。家庭教育指导工作应坚持以下基本原则。

1.思想性原则。遵循党的教育方针，以促进儿童全面健康成长为目标，以立德树人为根本任务，通过实施科学的家庭教育指导，推进家庭教育在培养德智体美劳全面发展的社会主义建设者和接班人中发挥重要基础作用。

2.科学性原则。遵循家庭教育规律，为家长提供科学化、专业化、规范化的指导服务，家庭教育指导机构和指导者应具备相应的专业资质和能力。

3.儿童为本原则。尊重儿童身心发展规律和个体差异，创设适合儿童成长的必要条件，保护儿童各项权利，促进儿童自然、全面、充分、个性发展。

4.家长主体原则。确立为家长服务、提供支持的观念，尊重家长意愿，坚持需求导向，调动家长参与的积极性；引导家长注重提升自身素质，注重家庭建设和良好家风传承，促进亲子互动共同提高。

---

* 全国妇联、教育部、中央文明办、民政部、文化和旅游部、国家卫生健康委员会、国家广播电视总局、中国科学技术协会、中国关心下一代工作委员会于2019年5月14日联合印发。

三、核心理念

1.家庭教育是学校教育和社会教育的基础。家庭是人生的第一所学校,家长是孩子的第一任老师,家庭生活中父母对儿童的教育和影响,对其良好行为习惯、思想品德、价值观的形成,健全人格培养等都具有基础性作用。

2.家庭教育重在教孩子如何做人。家庭教育要从养成良好习惯开始,逐步培育儿童正确的价值观,培养儿童热爱党、热爱祖国、热爱人民、热爱中华民族,明礼诚信、勤奋自立、友善助人、孝亲敬老等良好思想品德,增强儿童法律意识和社会责任感,使儿童养成好思想、好品德、好习惯、好人格,培养儿童与他人、与社会、与自然和谐相处的能力。

3.家长是家庭教育的责任主体。家长在家庭教育中负有主体责任,要依法依规履行对子女的监护职责和抚养教育义务,了解监护人法定权利和义务,学习家庭教育知识,掌握家庭教育理念和方法,提升科学实施家庭教育的能力。

4.家庭教育是家长和儿童共同成长的过程。家长素质是影响家庭教育的重要因素,家长应当努力做到举止文明、情趣健康、敬业进取、言行一致、好学善思,自觉践行社会主义核心价值观,以健康的思想、良好的品行教育影响儿童。

5.家庭建设是家庭教育的重要保障。家庭要倡导尊老爱幼、夫妻和睦、勤俭持家、亲子平等、邻里团结的家庭美德,创建民主、文明、和睦、稳定的家庭关系。家庭成员要共同构建优秀家庭文化、传承良好家风,为儿童健康成长营造和谐的家庭环境。家长要学会优化家庭生活,为儿童提供健康向上、丰富多彩的活动。

6.尊重儿童成长规律是家庭教育的前提。儿童期是人生的重要阶段,有其发展规律,家长在实施家庭教育时不能违背儿童成长规律。儿童成长既有共性也有个性,家庭教育要依据儿童成长特点,采取科学的教养方式。

7.尊重和保护儿童权利是家庭教育的基础。儿童是独立的权利主体,有生命权、健康权和获得基本生活保障的权利,有充分发展其全部体能与智能的权利;有享有国家、社会、学校、家庭保护,不受歧视、虐待和忽视的权利;有参与家庭和社会生活并就影响他们生活的事项发表意见的权利,实施家庭教育要尊重和保护儿童的各项权利。

8.家庭、学校、社会是促进儿童健康成长的共同体。家长要认识到家校社协同育人的重要意义,主动参与家校社协同教育,尊重教师,理性表达诉求,积极沟通合作,保持开放心态,引导儿童正确认识各种现象,科学合理利用各种教育资源,促进儿童健康成长。

四、分阶段指导内容及要求

儿童发展既有连续性又有阶段性，家庭教育指导服务应依据儿童在不同发展阶段的特点开展。

（一）新婚期及孕期的家庭教育指导要点

1.做好怀孕准备。鼓励备孕夫妇学习优生优育优教的基本知识，并为新生命的诞生做好思想上、物质上的准备。引导备孕夫妇参加健康教育、健康检查、风险评估、咨询指导等专项服务。对于不孕不育者，引导其科学诊断、对症治疗，并给予心理辅导。

2.注重孕期保健。指导孕妇掌握优生优育知识，配合医院进行孕期筛查和产前诊断，做到早发现、早干预；避免烟酒、农药、化肥、辐射等化学物理致畸因素，预防病毒、寄生虫等生物致畸因素的影响；科学增加营养，合理作息，适度运动，进行心理调适，促进胎儿健康发育。对于大龄孕妇、有致畸因素接触史的孕妇、怀孕后有疾病的孕妇以及具有其他不利优生因素的孕妇，督促其做好产前医学健康咨询及诊断。

3.提倡自然分娩。指导孕妇认识自然分娩的益处，科学选择分娩方式；认真做好产前医学检查，并协助舒缓临盆孕妇的焦虑心理。帮助产妇做好情绪调节，预防和妥善应对产后抑郁。

4.做好育儿准备。指导准家长学习育儿基本知识和方法，购置新生儿生活必备用品和保障母婴健康的基本用品；做好已有子女对新生子女的接纳工作；妥善处理好生育、抚养与家庭生活、职业发展的关系；统一家庭教育观念，营造安全、温馨的家庭环境。

（二）0—3岁儿童的家庭教育指导

1.0—3岁儿童的身心发展特点

这是儿童身心发展最快的时期。儿童的身高和体重迅速增长，神经系统结构发展迅速；感知觉飞速发展；遵循由头至脚、由大动作至小动作的发展原则，逐步掌握人类行为的基本动作；语言能力迅速发展；表现出一定的交往倾向，乐于探索周围世界；对家长有强烈依赖感；道德发展处于前道德期。

2.家庭教育指导内容要点

（1）提倡母乳喂养。指导乳母加强乳房保健，在产后尽早用正确的方法哺乳；在睡眠、情绪和健康等方面保持良好状态，科学饮食，增加营养；在母乳不充分的阶段采取科学的混合喂养，适时添加辅食。

(2) 鼓励主动学习儿童日常养育和照料的科学知识与方法。引导家长让儿童多看、多听、多运动、多抚触，带领儿童开展适当的运动、游戏，增强儿童体质。指导家长按时为儿童预防接种，培养儿童健康的卫生习惯，注意科学的饮食调配；配合医疗部门完成相关疾病筛查，做好儿童生长发育监测，学会观察儿童，及时发现儿童发展中的异常表现，及早进行干预；学会了解儿童常见病的发病征兆及应对方法，掌握病后护理常识；了解儿童成长的特点和表现，学会倾听、分辨和理解儿童的多种表达方式。

(3) 制订生活规则。指导家长了解儿童成长规律及特点，并据此制订日常生活规则，按照规则指导儿童的行为；采用鼓励、表扬等正面教育为主的方法，培养儿童健康生活方式。

(4) 丰富儿童感知经验。指导家长创设儿童充分活动的空间与条件，充分利用日常生活环境中的真实物品和现象，让儿童在爬行、观察、听闻、触摸等活动过程中获得各种感知经验，促进感官发展。

(5) 关注儿童需求。指导家长为儿童提供抓握、把玩、涂鸦、拆卸等活动的机会、工具和材料，用多种形式发展儿童的小肌肉精细动作和大肌肉活动能力；分享儿童的快乐，满足儿童好奇、好玩的认知需要，激发儿童想象力和好奇心。

(6) 提供言语示范。指导家长为儿童创设宽松愉快的语言交往环境，通过表情、肢体、语言等多种方式与儿童交流；提高自身语言表达素养，为儿童提供良好的言语示范；为儿童的语言学习提供丰富的机会，运用多种方法鼓励儿童表达；积极回应儿童，鼓励儿童之间的模仿和交流。

(7) 提高安全意识。提高家长有效看护意识和技能，指导家长消除居室和周边环境中的危险性因素，防止儿童意外伤害发生。

(8) 加强亲子陪伴。指导家长认识到陪伴对于儿童成长的重要性，学会建立良好的亲子依恋关系，不用电子产品代替家长陪伴儿童，多与儿童一起进行亲子阅读；学习亲子沟通的技巧，与儿童建立开放的沟通模式；关注、尊重、理解儿童的情绪，合理对待儿童过度情绪化行为，有针对性地实施适合儿童个性的教养策略，培育儿童良好情绪；处理好多子女家庭的亲子关系、子女间的关系，让每个儿童都得到健康发展。

(9) 重视发挥家庭各成员角色的作用。指导家长积极发挥父亲在家庭教育中的作用；了解父辈祖辈联合教养的正面价值，适度发挥祖辈参与的作用；引导祖辈树立正确的教养理念。

(10) 做好入园准备。指导家长认识儿童社会性发展的重要性，珍视幼儿园教育的价值。入园前,指导家长有意识地培养儿童一定的生活自理能力及对简单规则的理解能力;入园后,指导家长与幼儿园教师积极沟通,共同帮助儿童适应入托环境,平稳度过入园分离焦虑期。

(三)3—6岁儿童的家庭教育指导

1. 3—6岁儿童的身心发展特点

这是儿童身心快速发展的时期。儿童的身高和体重稳步增长,大脑、神经、动作技能等获得长足的进步;自我独立意识增强,开始表现出一定兴趣、爱好、脾气等个性倾向;初步具备自我情绪调节能力;愿意与同伴交往,乐于分享;学习能力开始发展,语言表达能力强;依恋家长,会产生分离焦虑;处于道德他律期,独立性、延迟满足能力、自信心都有所发展。

2. 家庭教育指导内容要点

(1)积极带领儿童感知家乡与祖国的美好。指导家长通过和儿童一起外出游玩、观看影视文化作品等多种形式,了解有关家乡、祖国各地的风景名胜、著名建筑、独特物产等;适时向儿童介绍国旗、国歌、国徽的含义,带领儿童观看升国旗、奏国歌等仪式,培育儿童对家乡和祖国的朴素情感。

(2)引导儿童关心、尊重他人,学会交往。指导家长培养儿童尊重长辈、关心同伴的美德;关注儿童日常交往行为,对儿童的交往态度、行为及时提供帮助和辅导;结合实际情境,帮助儿童理解他人的情绪,了解他人的需要,做出适当的回应;引导儿童学会接纳差异,关注他人的感受;培养儿童多方面的兴趣、爱好和特长,增强儿童与人交往的自信心;经常带儿童接触不同的人际环境,为儿童创造交往机会,帮助儿童学会与同伴相处。

(3)培养儿童规则意识,增强社会适应性。指导家长结合儿童生活实际,为儿童制订日常生活规范、游戏规范、交往规范,遵守家庭基本礼仪;要求儿童完成力所能及的任务,培养责任感和认真负责的态度;有意识地带儿童走出家庭,接触丰富的社会环境,提高社会适应性;在儿童遇到困难时以鼓励、疏导的方式给予必要的帮助与支持。

(4)加强儿童营养保健和体育锻炼。指导家长积极带领儿童开展体育活动;根据儿童的个人特点,寻找科学合理又能被儿童接受的膳食方式;科学搭配儿童饮食,做到营养均衡、比例适当、饮食定量、调配得当;科学管理儿童的体重,学习关于儿童营养的科学知识;与儿童一起制订合理的家庭生活作息制度,培养儿童良好的生活和卫生习惯;定期带儿童做健康检查。

(5)丰富儿童感性经验。指导家长重视生活的教育价值,为儿童创设丰富的教育环境,带领儿童关心周围事物及现象,多开展接触大自然的户外活动,参观科技馆、博物馆、美术馆等,开阔儿童的眼界,丰富儿童的感性经验;尊重和保护儿童的好奇心和学习兴趣,支持和满足儿童通过直接感知、实际操作和亲身体验获取经验的需要,避免开展超出儿童认知能力的超前教育和强化训练。

（6）提高安全意识。指导家长尽可能消除居室和周边环境中的危险性因素;结合儿童的生活和学习,在共同参与的过程中对儿童实施安全教育;重视儿童的体能素质,提高其自我保护能力,减少儿童伤害。

（7）培养儿童生活自理能力和劳动意识。指导家长鼓励儿童做力所能及的事,学习和掌握基本的生活自理方法,参与简单的家务劳动,在生活点滴中启发儿童的劳动意识,保护儿童的劳动兴趣。

（8）科学做好入学准备。指导家长重视儿童幼儿园与小学过渡期的衔接适应,充分尊重和保护儿童的好奇心和学习兴趣,帮助儿童形成良好的任务意识、规则意识、时间观念,学会控制情绪,能正确表达自己的主张,逐步培育儿童通过沟通解决同伴问题的意识和能力;坚决抵制和摒弃让儿童提前学习小学课程和教育内容的错误倾向。

（四）6—12岁儿童的家庭教育指导

1.6—12岁儿童的身心发展特点

这一阶段儿童的生理发展处在相对平稳、均衡的时期,入学学习是儿童生活中的一个重大转折。儿童的身高和体重加速发展;大脑仍在持续快速发展,以具体思维为主,逐步向抽象思维过渡;情绪总体稳定,偶有较大波动;个人气质更加明显;能逐步客观进行自我评价,注重权威评价;社会交往能力增强,开始有较为稳定的同伴关系;学习能力逐步提高,学习策略逐步完善;自理能力增强。

2.家庭教育指导内容要点

（1）培养儿童朴素的爱国情感。指导家长重视优秀传统文化的价值,了解家乡特色习俗和中华民族的共同习俗,过好中国传统节日和现代公共节日;开展家国情怀教育,多给儿童讲述仁人志士的故事、中华民族传统美德、国家发展的成就等;指导儿童写好中国字,说好中国话;初步了解优秀传统文化的内涵,培养儿童作为中华民族一员的归属感和自豪感。

（2）提升儿童道德修养。指导家长提升自身道德修养,处处为儿童做表率,结合身边的道德榜样和通俗易懂的道德故事,培养儿童良好的道德行为习惯;创设健康向上的家庭氛围;与学校、社会形成合力,净化家庭和社会文化环境;从大处着眼,从小事入手,及时抓住日常生活事件教育儿童孝敬长辈、尊敬老师,学会感恩、帮助他人,诚实为人、诚信做事。

(3)培养儿童珍惜生命、尊重自然的意识。指导家长将生命教育纳入生活实践中,带领儿童认识自然界的生命现象,帮助儿童建立热爱生命、珍惜生命、呵护生命的意识;抓住日常生活事件,增长儿童居家出行的自我保护意识及基本的自救知识与技能;引导儿童树立尊重自然、顺应自然、保护自然的发展理念,养成勤俭节约、低碳环保的生活习惯。

(4)培养儿童良好的学习习惯。指导家长注重儿童学习兴趣的培养,保护和开发儿童的好奇心,鼓励儿童的探索行为;引导儿童形成按时独立完成任务、及时总结、不懂善问的习惯,成为学习的主人;正确对待儿童的学习成绩,设置合理期望,不盲目攀比;用全面和发展的眼光看待、评价儿童,增强儿童学习信心。

(5)培养儿童健康的生活习惯。指导家长科学安排儿童的饮食,引导儿童养成健康的饮食习惯;培养儿童关注个人卫生和环境卫生,养成良好的卫生习惯;培养儿童良好作息习惯,保证儿童睡眠充足,每日睡足10小时;为儿童提供良好的学习环境,注意用眼卫生并定期检查视力;养成科学用耳习惯,控制耳机等娱乐性噪声接触,定期检查听力;引导并督促儿童坚持开展体育锻炼,培养一两项能够终身受益的体育爱好;配合卫生部门定期做好儿童健康监测。

(6)培养儿童的劳动习惯。指导家长正确认识劳动对儿童成长的价值;坚持从细微处入手,提高儿童的生活自理能力,养成生活自理的习惯;给儿童创造劳动的机会,教授儿童一定的劳动技能,培养劳动热情,树立劳动创造价值的观念;根据儿童的年龄特征、性别差异、身体状况等特点,安排适度的劳动内容、时间和强度,做好劳动保护;让儿童了解家庭收支状况,适度参与家庭财务预算,视家庭经济状况和儿童的年龄给适量的零用钱,引导儿童合理支配零用钱,形成正确的消费意识。

(7)积极参与家校社协同教育。指导家长主动与学校沟通联系,了解儿童在学校的学习、生活情况,与学校共同完成相应的教育活动,提高儿童的学习效果;参与学校的家长委员会、家长学校、家长会活动以及亲子活动等,自觉接受家庭教育指导;积极参与学校管理,主动根据需要联系社会资源,与学校共创良好育人环境。

(五)12—15岁儿童的家庭教育指导

1. 12—15岁儿童的身心发展特点

这是儿童从童年向成年的过渡期。儿童的生殖器官逐步发育,出现性冲动和性好奇;整体身体素质好;大脑发展迅速,抽象思维能力增强,记忆和观察水平不断提高;自尊心强,重视外表,建立自我同一性成为本阶段儿童最重要的任务;情绪波动大,敏感易怒,容易有挫折感,情感内隐;易和家长产生冲突;重视同伴交往及其评价,对父母依恋减少;责任心增强,自我控制能力有明显发展。

2.家庭教育指导内容要点

(1)重视价值观教育。指导家长理解、践行社会主义核心价值观,以身作则,为儿童树立榜样;结合发生在家庭、学校和社会的事件开展价值观教育,培育儿童正确的思想观念和价值取向;通过儿童喜闻乐见的方式,讲好中国故事,用爱国主义激发儿童的梦想,让儿童能够结合自己的现实和未来,自觉践行爱国、敬业、诚信、友善等价值准则;让儿童学习正确认识与分析问题,分辨是非。

(2)重视儿童青春期人格发展。指导家长认识青春期儿童发展特征,不断调整教养方式;帮助儿童悦纳自我;尊重儿童自主愿意,鼓励儿童独立思考与理性表达;培养儿童应对挫折适应环境的能力和坚毅品格;引导儿童以合理的方式宣泄情绪,积极调控心理,自主自助,预防和克服各种可能产生的青春期心理障碍;正确对待儿童"叛逆"行为。

(3)增强儿童学习动力。指导家长帮助儿童树立正确的学习目标,将学习的外在动力转化为内在动力;培养儿童勤奋学习、持续学习的意志力;重视儿童学习方法和学习习惯的养成,帮助儿童形成制订合理的学习计划的能力;指导儿童正确应对学习压力,克服考试焦虑,在儿童考试受挫时鼓励儿童。

(4)提高儿童信息素养。指导家长正确认识媒介对儿童的影响,掌握必要的信息知识与方法;了解儿童使用各种媒介的情况,培养儿童对信息的是非辨别能力和加工能力;鼓励儿童在使用网络等媒介的过程中学会自我保护、自我尊重、自我发展;丰富儿童生活,规范上网行为,预防网络依赖;了解网络沉溺标准,能够在专业机构和人员的帮助下,指导儿童戒除网络沉溺行为。

(5)对儿童进行性教育。指导家长充分了解青春期生理卫生知识,对儿童开展适时、适度的性教育,让儿童了解必要的青春期知识,认识并适应身体的生理变化;开展科学的性心理辅导,对儿童进行与异性交往的指导;加强对儿童的性道德教育,帮助儿童认识到对性健康和生殖健康应当采取负责任的态度和行为。

(6)构建良好的亲子关系。指导家长与儿童平等相处,理解儿童自主愿望,保护儿童隐私权;学会倾听儿童的意见和感受,学会尊重、欣赏、认同和分享儿童的想法;学会运用民主、宽容的语言和态度对待儿童,促进良性亲子沟通。

（7）重视生涯规划指导。指导家长正确认识自己的孩子，帮助儿童客观认识自我，勇于面对现实，保持信心；支持儿童参与志愿服务、研学等社会实践活动，协同学校合理安排儿童进行一定的农业生产、工业体验、服务业实习等劳动实践，引导儿童加深对各种职业的了解；协助儿童综合分析学业水平、兴趣爱好，并根据个性特征合理规划未来；宽容对待儿童在做自我选择时与家长的分歧。

（六）15—18岁儿童的家庭教育指导要点

1. 15—18岁儿童的身心发展特点

这一阶段的儿童已经进入青春中后期。儿童在外貌上与成人接近，身体各器官逐步发育成熟，发育进入相对稳定期；认知结构的完整体系基本形成，抽象逻辑思维占据优势地位；情绪不稳定，情感内隐，易感到孤独；重视同性和异性的友谊，并可能萌发爱慕感情；自制力和意志力增强但仍不成熟；独立性强，有决断力；观察力、联想能力迅速发展。

2. 家庭教育指导内容要点

（1）引导儿童树立国家意识。指导家长引导儿童树立国家意识，增强儿童的公民意识和社会责任感，关注社会发展，将个人理想与国家需要相结合，认识国家前途、命运与个人价值实现的统一关系，学会将个人理想与国家的发展、现实的奋斗相结合。

（2）培养儿童法治观念。指导家长加强法律知识学习，正确理解自由、平等、公正、法治的内在含义及其要求，成为儿童尊法、学法、守法、用法的榜样；掌握家庭法治教育的内容和方法，引导儿童树立权利与义务相统一的观念，养成尊法守法的行为习惯，学会在法律和规则框架内实现个人的自由意志；与儿童建立民主、平等的关系，切实维护儿童权益。

（3）提高儿童交往合作能力。指导家长根据该年龄段儿童个性特点，引导儿童积极开展社交活动和正常的异性交往；以性道德、性责任、性健康、预防和拒绝不安全性行为为重点，开展性教育；对有恋爱行为的儿童，给予正确引导；鼓励儿童在集体生活中锻炼自己，学会与人相处，体验与人合作的快乐；帮助儿童学会宽容待人，正确对待友谊；了解校园欺凌行为的性质、特点及家校合作的基本处理方法。

（4）培养儿童的责任意识。指导家长通过召开家庭会议等形式，与儿童平等、开放地讨论家庭事务，共同分担家庭的责任和义务，培养儿童的家庭责任感；引导儿童树立社会责任感，正确处理个人与自我、与他人、与社会的关系，勇于承担责任。

（5）加强儿童美育。指导家长培养儿童正确的审美观，具有发现美、欣赏美、表现美的能力；让儿童接触、欣赏自然美，培养热爱自然环境、热爱祖国美好河山的情感；欣赏文学和艺术，发展想象和表现美的能力；明确内在美与外在美的关系，理解劳动能创造美；加强自身修养，践行文明礼仪；增强对个性美的感受，提高自我评价能力，形成文明健康的生活方式。

（6）指导儿童以平常心对待升学。指导家长在迎考期间保持正常、有序的家庭生活，科学、合理安排生活作息，保证儿童劳逸结合，身心愉快；保持适度期待，鼓励儿童树立自信心，以平常心面对考试；为儿童选择志愿提供参考意见，并尊重儿童对自身的未来规划与发展意愿。

（七）特殊家庭、特殊儿童的家庭教育指导

帮助家长了解国家对特殊儿童及相应家庭的支持政策，引导家长接受儿童的身心状况及家庭现状，调整心态，合理期望；学会获取社会公共服务。

1.特殊家庭的家庭教育指导

（1）离异和重组家庭的家庭教育指导。引导家长正确认识和处理婚姻存续与教养职责之间的关系，对儿童的教养责任不因夫妻离异而撤销，父母不能以离异为理由拒绝履行家庭教育的职责。指导家长学会调节和控制情绪，不在儿童面前流露对离异配偶的不满，避免将自身婚姻失败与情感压力迁怒于儿童；不简单粗暴或者无原则地迁就、溺爱儿童；强化非监护方的父母角色与责任，增强履职意识与能力，定期让非监护方与儿童见面，强化儿童心目中父（母）亲的形象和情感；调动亲戚、朋友中的性别资源给儿童适当的影响，帮助其性别角色充分发展。指导重组家庭的夫妇多关心、帮助和亲近儿童，减轻儿童的心理压力，帮助儿童正视现实；对双方子女一视同仁；加强家庭成员间的沟通，创设平和、融洽的家庭氛围。

（2）农村留守儿童的家庭教育指导。指导农村留守儿童家长增强父母是家庭教育和儿童监护责任主体的意识，依法依规履行家长义务，承担起对农村留守儿童监护和抚养教育的责任，确保农村留守儿童得到妥善监护照料、亲情关爱和家庭温暖。让家长了解陪伴对于儿童成长的价值，劝导家长尽量有一方在家照顾儿童，有条件的家长尤其是0—3岁儿童母亲要把儿童带在身边，尽可能保证儿童早期身心呵护、母乳喂养的正常进行。指导农村留守儿童家长或被委托监护人重视儿童教育，多与儿童交流沟通，对儿童的道德发展和精神需求给予充分关注。

（3）流动人口家庭的家庭教育指导。鼓励家长勇敢面对陌生环境和生活困难，为儿童创造良好的生活环境；处理好家庭成员之间的关系，为儿童创设宽松的心理环境；多与儿童交流，帮助儿童适应新的环境，了解儿童对于新环境的适应情况；与学校加强联系，共同为儿童创造良好的学习环境。

（4）服刑人员家庭的家庭教育指导。指导监护人多关爱儿童；善于发现儿童的优点，用教育力量和爱心培养儿童的自尊心；信任儿童，并引导儿童调整心态，保证心理健康；定期带儿童探望父（母），满足儿童思念之情；与学校积极联系，共同为儿童成长创造良好环境。

2.特殊儿童的家庭教育指导

（1）智力障碍儿童的家庭教育指导。指导家长树立医教结合的观念，引导儿童听从医生指导，拟定个别化医疗和教育训练计划；通过积极的早期干预措施改善障碍状况，并培养儿童社会适应能力；引导家长坚定信心、以身作则，重视儿童的日常生活规范训练，并循序渐进、持之以恒。

（2）听力障碍儿童的家庭教育指导。指导家长积极寻求早期干预，主动参与儿童语训，在专业人士协助下制定培养方案，充分利用游戏的价值，重视同伴交往的作用，发展儿童听力技能和语言交往技能，不断改善儿童社会交往环境，逐步提高儿童的社会适应能力；加强对儿童的认知训练、理解力训练、运动训练和情绪训练。

（3）视觉障碍儿童的家庭教育指导。指导家长及早干预，根据不同残障程度发展儿童的听觉和触觉，以耳代目、以手代目，提升缺陷补偿。对于低视力儿童，指导家长鼓励儿童运用余视力学习和活动，提高有效视觉功能。对于全盲儿童，指导家长训练其定向行走能力，增加其与外界接触机会，增强其交往能力。

（4）肢体残障儿童的家庭教育指导。指导家长早期积极借助医学技术加强干预和矫正，使其降低残障程度，提高活动机能；营造良好家庭氛围，用乐观向上的心态感染儿童；鼓励儿童正视现实、积极面对困难；教育儿童通过自己的努力，积极寻求解决问题的方法，以获取信心。

（5）精神心理障碍儿童的家庭教育指导。引导家长营造良好家庭氛围，给予儿童足够的关爱；加强与儿童的沟通与交流，避免儿童遭受不良生活的刺激；支持、尊重和鼓励儿童，多向儿童表达积极情感；多给儿童创造与伙伴交往的机会，培养儿童集体意识，减少其心理不良因素；积极寻求专业帮助，通过早期干预改善疾病状况，提升儿童社会适应能力和生活自理能力，促进疾病康复。

（6）智优儿童的家庭教育指导。引导家长深入了解儿童的潜力与才能，正确、全面地评估儿童；从儿童的性格、气质、兴趣、能力、外部条件等实际出发，因材施教，循序渐进地开发儿童智力，发展儿童特长；坚持德智体美劳全面发展，提高儿童的综合素质；正确对待儿童的荣誉，引导儿童正确认识自己和他人，鼓励儿童在人群中平等交流与生活。

五、保障措施

1.加强组织领导。各地各相关部门要高度重视，加强对《大纲》实施工作的领导，在组织开展社会宣传、理论研究、教材开发、骨干培训、工作督导评估时，都要以《大纲》为依据和框架。同时要引导和帮助家庭教育指导机构和指导者根据《大纲》要求开展家庭教育指导工作。

2.明确职责分工。各地各相关部门要结合地方实际和部门职能，统筹制定实施计划，指导所属家庭教育指导机构按照《大纲》内容开展家庭教育支持服务工作。

3.注重资源整合。各地各相关部门要加大家庭教育指导工作经费的投入，争取将家庭教育指导纳入地方财政预算或相关民生工程。要统筹各方面力量，完善共建机制，形成政府、学校、家庭、社会密切配合的家庭教育社会支持网络。

4.加强理论研究。各地各相关部门要指导推动各级各类家庭教育研究会（学会）以及高校、科研机构加强家庭教育理论研究，在《大纲》框架下，组织研发指导教材等服务产品、制定监测评估标准等，推动加快家庭教育学科建设，努力构建家庭教育理论和学科体系。

5.抓好队伍建设。各地各相关部门要按照《大纲》要求，对家庭教育指导者、家庭教育工作骨干、中小学幼儿园教师、托育服务机构工作人员等加强系统化的专业知识培训，提升家庭教育指导服务队伍的专业化水平，形成专兼结合、具备指导能力的家庭教育指导工作队伍。

6.培育社会组织。各地各相关部门要加强家庭教育指导的专业社会组织的培育与孵化。以项目制的方式开展培训与资源整合，鼓励社会组织进驻社区开展家庭教育指导，让家长享受到家门口的专业家庭教育指导与咨询。

7.扩大社会宣传。各地各相关部门要通过多种渠道，大力宣传《大纲》主要内容和实践要求，使正确的家庭教育理念和科学的家庭教育知识深入人心，为家庭教育工作开展营造良好的社会氛围。

家长家庭教育基本行为规范*

第一条　依法履行对未成年子女的监护职责，承担家庭教育主体责任，坚持立德树人，树牢"家庭是人生的第一个课堂，父母是孩子的第一任老师"理念。

第二条　注重家庭、注重家教、注重家风，构建平等民主和谐的家庭关系，营造相亲相爱的家庭氛围，弘扬向上向善的家庭美德，为子女健康成长创造良好家庭环境。

第三条　保护子女合法权利，尊重子女独立人格，注重倾听子女诉求和意见，不溺爱，不偏爱，杜绝任何形式的家庭暴力，根据子女年龄特征和个性特点实施家庭教育。

第四条　注重子女品德教育，引导子女爱党、爱国、爱人民、爱社会主义，形成尊老爱幼、明礼诚信、友善助人等良好道德品质，遵守社会公德，增强法律意识和社会责任感，养成好思想、好品行、好习惯。

第五条　教育引导子女养成良好学习习惯，提升自主学习能力，保护子女的好奇心和学习兴趣，理性帮助子女确定成长目标，不盲目攀比，不增加子女过重课外负担，用德智体美劳全面发展的眼光评价子女。

第六条　促进子女身心健康发展，保证子女营养均衡，科学运动，睡眠充足，身心愉悦，帮助子女形成阳光心态、磨练坚强意志、锻炼强健体魄，保持良好生活习惯，有针对性进行性健康和青春期教育，增强孩子自我保护的意识和能力。

第七条　培养子女健康的审美情趣和审美能力，引导和鼓励子女亲近大自然，参加社会实践和公益活动，善于发现美、欣赏美、创造美，陶冶高尚情操，提升文明素质。

第八条　教育引导子女树立正确的劳动观念，参加力所能及的劳动，在出力流汗中体会劳动创造美好生活，提高生活自理能力，养成良好劳动习惯。

第九条　注重自身言行，在日常生活中做到爱岗敬业，诚信友善，孝老爱亲，遵纪守法，为子女树立良好的榜样，与子女共同成长进步。

第十条　积极参与家校合作和社区活动，尊重教师和社区工作者，理性表达合理诉求，用好各类教育资源，在家庭、学校、社会协同育人中发挥作用。

---

* 全国妇联、教育部于2020年8月24日印发。